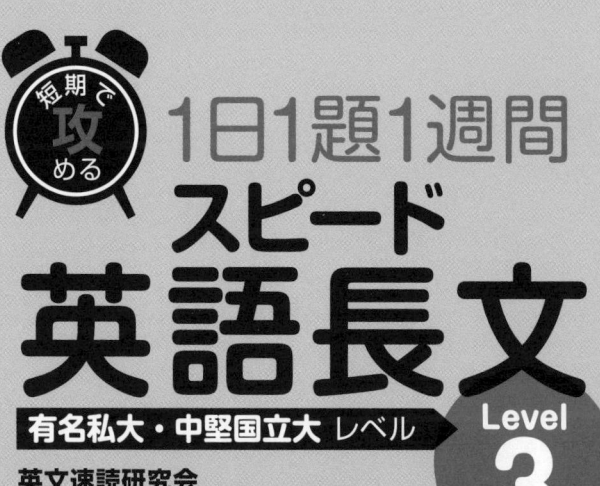

短期で攻める

1日1題1週間
スピード
英語長文
有名私大・中堅国立大 レベル
Level 3

英文速読研究会

桐原書店

はじめに

　長文問題をすばやく解くためには，様々な力が必要です。とりわけ大切なのは，以下の3つの力です。

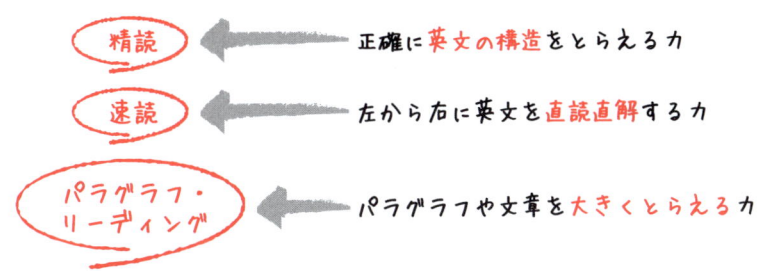

　これらの3つの力をバランスよく育てることが，長文読解問題が得意になるための鉄則です。本シリーズでは**1日1題の長文問題を解き**，これらの力を無理なく短期間で養成します。
　また，その後の復習もしっかりできるように，徹底した**語彙リストやリピートポーズ入りCD**を作成しました。これらを徹底的に学習すれば，さらに長文の学習を極めることができます。
　復習で一番大切なのは，**英文を音読すること**です。ただし，棒読みになってしまわないよう注意しましょう。一文一文心を込めて「**一読入魂**」の**精神**で読んでください。

　英語の実力は，単純に学習した時間数に比例して伸びるものではありません。皆さんが学習を楽しめば楽しむほど，また，心を込めて読めば読むほどスピーディーに実力は伸びていくのです。
　点数にとらわれすぎてはなりません。将来も使えるホンモノの英語を手に入れるステップとして本書を利用してください。皆さんの成功を，著者一同，心より願っています。

2011年　　晩秋

英文速読研究会

- ◉ はじめに ……… iii
- ◉ 記述式問題　解答のコツ ……… vi
- ◉ 本書の構成と勉強法 ……… viii
- ◉ センスグループの分け方 ……… xiv

Day 1 ▶ 英語学習者への助言 ──── 2
設問 ……… 4
解答と解説 ……… 6
文構造と構文のポイント ……… 9
パラグラフ・リーディング ……… 16
サマリー ……… 17
音読トレーニング ……… 18

出典：*The Student Times*, August 25, 2006　　出題校：広島修道大

Day 2 ▶ 夢の省エネ住宅 ──── 22
設問 ……… 24
解答と解説 ……… 26
文構造と構文のポイント ……… 30
パラグラフ・リーディング ……… 36
サマリー ……… 37
音読トレーニング ……… 38

出典：This story first appeared at www.britishcouncil.org/learnenglish and is reprinted with the permission of the British Council　　出題校：大阪電気通信大

Day 3 ▶ 滅びゆく言語 ──── 42
設問 ……… 44
解答と解説 ……… 46
文構造と構文のポイント ……… 48
パラグラフ・リーディング ……… 54
サマリー ……… 55
音読トレーニング ……… 56

出典：David Crystal, *Shooting languages* (http://www.davidcrystal.com/)　　出題校：大分大

Day 4 ▶ ペットボトル対水道水 ──── 60
設問 ……… 62
解答と解説 ……… 64
文構造と構文のポイント ……… 68
パラグラフ・リーディング ……… 76
サマリー ……… 77
音読トレーニング ……… 78

出典：©2011 *The New York Times*　　出題校：慶應大

Day 5 ▶ 文字を書けないという障害 ——————— 82
設問 ……… 84
解答と解説 ……… 86
文構造と構文のポイント ……… 89
パラグラフ・リーディング ……… 96
サマリー ……… 97
音読トレーニング ……… 98

出典：*Voice of America* (February 25, 2004) 　出題校：九州産業大

Day 6 ▶ 企業の国際化を阻むもの ——————— 102
設問 ……… 104
解答と解説 ……… 106
文構造と構文のポイント ……… 109
パラグラフ・リーディング ……… 116
サマリー ……… 117
音読トレーニング ……… 118

出典：*USA TODAY* (August 23, 2007). Reprinted with Permission. 　出題校：山形大

Day 7 ▶ 飼い猫はなぜ電話の邪魔をするのか ——————— 122
設問 ……… 124
解答と解説 ……… 126
文構造と構文のポイント ……… 129
パラグラフ・リーディング ……… 134
サマリー ……… 135
音読トレーニング ……… 136

出典：from *CATWATCHING AND CATLORE* by Desmond Morris, published by Jonathan Cape. Reprinted by permission of The Random House Group Ltd.
出題校：お茶の水女子大

◉英文精読記号一覧 ……… 141

Level 3
短期で攻める
スピード英語長文
有名私大・中堅国立大レベル
CONTENTS

記述式問題　解答のコツ

難関大学，特に国立大学の二次試験においては，日本語での論述能力がポイントになります。ここでは，論述の力が問われる記述式問題にどのように対応すればよいのか，その具体的なポイントを押さえておきましょう。

1 下線部和訳の方法

入試の下線部和訳問題は，皆さんの翻訳者としての腕を試すものではなく，皆さんが正確に文の内容を理解しているかどうかを試すものです。したがって，無理をして特別に美しい個性豊かな日本語に訳そうとする必要はありません。正しくわかりやすい日本語で，英文の内容を忠実に表現するよう心がけましょう。

極端な意訳をし，スタンドプレイをすると，内容をごまかしたと採点者に判断される危険性もあります。原文の意味や構造に忠実な和訳を心がけましょう。

しかし，原文の型にとらわれるあまりに，通じないほどの不自然な日本語になってしまうのもよくありません。日本語を日本語としてよく読み直し，通じるように修正する習慣を身に付けましょう。

2 説明問題の解法

英語の入試での説明問題は，現代国語の問題ほど難しくはありません。その多くは該当部分を抜き出して，解答の末尾を「こと」や「から」など，設問に応じた結びとするとできるような問題です。

しかし，中には，現代国語と同様に，本文の複数箇所にあるキーフレーズを組み合わせて説明したり，本文の事例を抽象的な言葉でまとめ上げなければならない場合もあります。この場合は，現代国語同様に「本文に即して」解答を作成してください。自分の主観で解釈して，自分の考えを説明する解答にしないように注意しましょう。

3 未知の単語や表現への対処法

和訳問題や説明問題で最も避けなければならないのは，皆さんの解答が「不完全解答」となってしまうことです。空白部分があったり途中で終わっていたりする解答は，0点にされることもあるでしょう。したがって，たとえわからない部分があったとしても，解答は完成して提出することです。

それでは，未知の部分はどうすればよいのでしょうか。次の方法のいずれかを使ってください。

 ポイント
- 未知の部分をあけるのではなく，飛ばしてつなげてしまう。
- 未知の部分がどのようなカテゴリーのものかを前後の文脈から推測し，漠然としたあたりさわりのない言葉を当てておく。
- 途中までしかわからない場合でも，文末を完成した形で閉じておく。

難関大の記述式問題で，満点が取れるような人はめったにいません。部分点を積み重ねて，5～7割くらいの合格ラインを何とか越えるような人がほとんどなのです。

 まとめ
1. 和訳問題は，英文の意味や構造に忠実に訳し，正しくわかりやすい日本語で書く。
2. わからない部分があっても，文脈から解答を推測し，完成した形で提出する。
3. 説明問題は，主観での解釈や自分の考えで答えない。本文の内容に即して答える。

なお，本書の記述問題の解説では，解答として書くべきことの他，必要に応じて減点対象となる基準などにも触れています。参考にしてください。

本書の構成と勉強法

　本書は，長文問題をすばやく解くために重要な，「精読」「速読」「パラグラフ・リーディング」の3つの力をバランスよく伸ばす短期集中型の問題集です。本書の各ページを効果的に活用し，**1日1題，7日間集中**して取り組むことで，有名私大・中堅国立大レベルの英文を，速く正確に読む力を確実に身に付けましょう。

●各課の構成と効果的な勉強法

問題英文と設問

　有名私大・中堅国立大レベルの**過去問**の中から，入試に頻出する**テーマ・文構造・パラグラフ構造**などを効果的に演習できる英文を厳選。設問は過去問をベースに，**問われやすい問題，力がつく問題**をバランスよく加えました。

> **制限時間**をめやすに，**問題を解いて**みましょう。
> わからないものでも，**わかる情報から推測**し，**解答欄はすべて埋め**ましょう。
> 訳は下線部訳問題のみにとどめ，**全文和訳はしない**こと。

問題英文

英文のワード数と速読目標時間
1分間に読めるワード数（words per minute）を100語として算出してあります。速読力アップの目安として活用してください。

設問
すべての課に2〜3題の記述式問題を配しました。

解答欄
解答を書きこみましょう。

解答と解説

内容一致問題はもちろん，すべての解説で**正解の根拠**を示すようにしました。

問題を解き終わったら，**正解を見て答え合わせ**をしましょう。

次に，間違った箇所はなぜ間違ったのか，また，正解した箇所についても，自分の考え方は正しかったのかどうか，必ず**解説を読んで研究**しましょう。

特に**記述式問題**では，設問意図に沿った**正解を導くための考え方**，また**正解として書くべきこと**，また必要に応じて，**減点となる基準**にも触れています。**答案作成のコツ**を身に付けましょう。

さらに関連情報の記述もきちんと読み，**知識をふやして定着させるように**しましょう。正解を見て答え合わせをするだけでは，力はつきません。

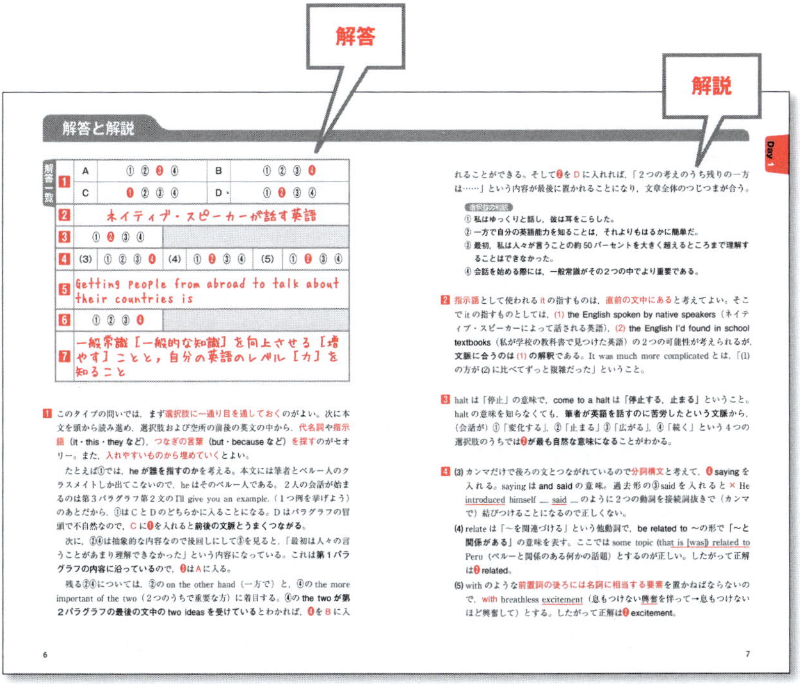

解答と解説

解答一覧

1	A	① ② ❸ ④		B	① ② ③ ❹		
	C	❶ ② ③ ④		D	① ❷ ③ ④		
2	ネイティブ・スピーカーが話す英語						
3	① ❷ ③ ④						
4	(3)	① ② ③ ❹	(4)	① ❷ ③ ④	(5)	① ❷ ③ ④	
5	Getting people from abroad to talk about their countries is						
6	① ② ③ ❹						
7	一般常識［一般的な知識］を向上させる［増やす］ことと，自分の英語のレベル［力］を知ること						

1 このタイプの問いでは，まず選択肢に一通り目を通しておくのがよい。次に本文を頭から読み進め，選択肢および空所の前後の英文の中から，代名詞や指示語（it・this・they など），つなぎの言葉（but・because など）を探すのがセオリー。また，入れやすいものから埋めていくとよい。

たとえば①では，**he が誰を指すのか**を考える。本文には筆者とペルー人のクラスメイトしか出てこないので，he はそのペルー人である。２人の会話が始まるのは第３パラグラフ第２文の I'll give you an example.（１つ例を挙げよう）のあとだから，①は C と D のどちらかに入ることになる。D はパラグラフの冒頭で不自然なので，C に❶を入れると**前後の文脈とうまくつながる**。

次に，②④は抽象的な内容なので後回しにして③を見ると，「最初は人々の言うことがあまり理解できなかった」という内容になっている。これは**第１パラグラフの内容に沿っているので**，❸は A に入る。

残る②④については，②の on the other hand（一方で）と，④の the more important of the two（２つのうちで重要な方）に着目する。④の **the two が第２パラグラフの最後の文中の two ideas を受けている**とわかれば，❹を B に入れることができる。そして❷を D に入れれば，「２つの考えのうち残りの一方は……」という内容が最後に置かれることになり，文章全体のつじつまが合う。

選択肢の和訳
① 私はゆっくりと話し，彼は耳をこらした。
② 一方で自分の英語能力を知ることは，それよりもはるかに簡単だ。
③ 最初，私は人々が言うことの約 50 パーセントを大きく超えるところまで理解することはできなかった。
④ 会話を始める際には，一般常識がその２つの中でより重要である。

2 指示語として使われる it の指すものは，直前の文中にあると考えてよい。そこで it の指すものとしては，(1) the English spoken by native speakers（ネイティブ・スピーカーによって話される英語），(2) the English I'd found in school textbooks（私が学校の教科書で見つけた英語）の２つの可能性が考えられるが，**文脈に合うのは (1) の解釈**である。It was much more complicated とは，「(1) の方が (2) に比べてずっと複雑だった」ということ。

3 halt は「停止」の意味で，come to a halt は「**停止する，止まる**」ということ。halt の意味を知らなくても，**筆者が英語を話すのに苦労したという文脈**から，（会話が）①「変化する」，②「止まる」③「広がる」，④「続く」という４つの選択肢のうちでは❷**が最も自然な意味になる**ことがわかる。

4 (3) カンマだけで後ろの文とつながれているので分詞構文と考えて，❹ saying を入れる。saying は and said の意味。過去形の③said を入れると × He introduced himself ＿ said ＿ のように２つの動詞を接続詞抜きで（カンマで）結びつけることになるので正しくない。

(4) relate は「～を関連づける」という他動詞で，be related to ～の形で「**～と関係がある**」の意味を表す。ここでは some topic (that is [was]) related to Peru（ペルーと関係のある何かの話題）とするのが正しい。したがって正解は❷ related。

(5) with のような前置詞の後ろには名詞に相当する要素を置かねばならないので，with breathless excitement（息もつけない興奮を伴って→息もつけないほど興奮して）とする。したがって正解は❷ excitement。

6

Day 1

7

文構造と構文のポイント

　正確に英文の構造をとらえる力＝**精読の力**を養成するページです。そのためには単に単語の意味に頼るのではなく，文中でどのようなものがどのような働きをするのか，**文構造を押さえることが重要**です。ここでは，すべての英文の構造を図解し，重要な構文は「**構文のポイント**」で解説を加えました。**語句注**も充実させ，**和訳**を示すことで，すべてを一覧できるレイアウトにしました。

> 　英文精読記号（→本書巻末「英文精読記号一覧」参照）のついた英文をていねいに読み，**文構造をとらえる訓練**をしましょう。精読力が付けば文構造の把握も瞬時にできるようになり，速読力も加速します。**構文のポイント**や**語句注**もチェックし，英文の**意味をきちんと確認**しましょう。

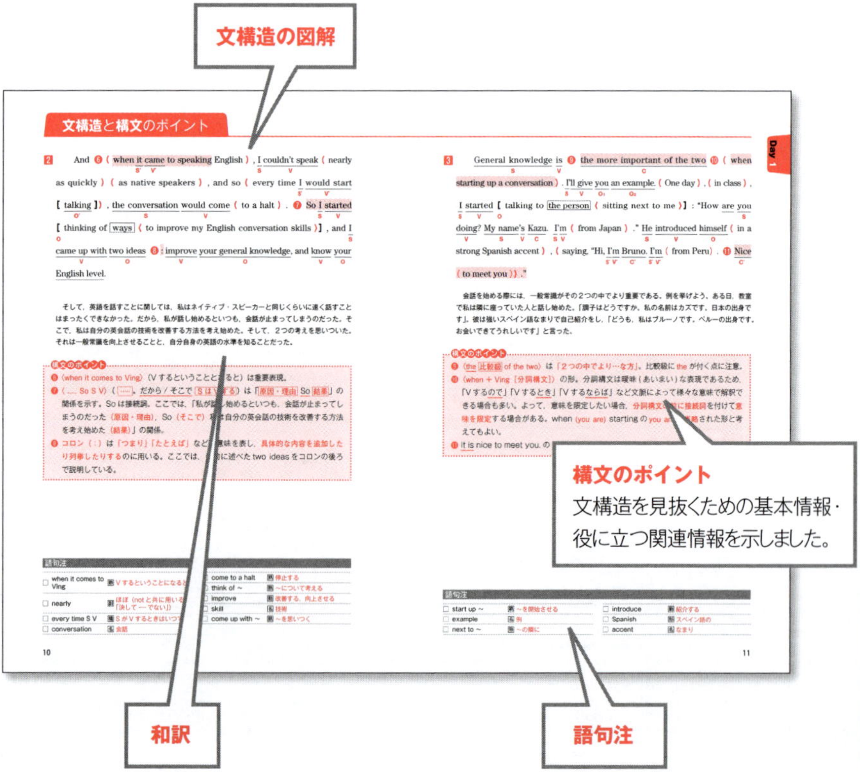

文構造の図解

構文のポイント
文構造を見抜くための基本情報・役に立つ関連情報を示しました。

和訳

語句注

パラグラフ・リーディングとサマリー

　パラグラフや文章の内容を大きくとらえる力＝パラグラフ・リーディングの力を養成するページです。各パラグラフの要旨とパラグラフ間のつながりを「マクロチャート」で確認し，穴埋め問題で全文要約を完成する「サマリー」で理解を深めます。

「マクロチャート」で全体の内容や構成を大きくつかみ，「サマリー」の穴埋め問題を解くことで，もう一度全体の意味を確認しましょう。この作業を通じ，英文全体の流れや内容を大きくつかむ考え方を学びましょう。

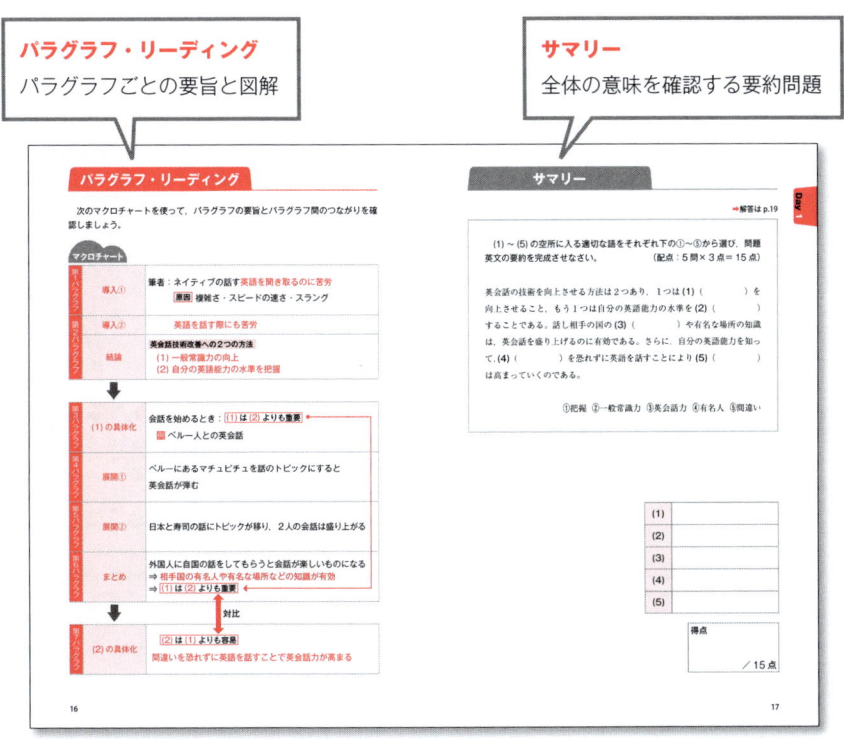

パラグラフ・リーディング
パラグラフごとの要旨と図解

サマリー
全体の意味を確認する要約問題

音読トレーニング

　左から右に英文を直読直解する力＝**速読力**を養成するコーナーです。付属のCDでは，各DayごとにR（Repeating＝リピーティング：スラッシュごとにポーズが入る）とN（Natural speed＝ナチュラルスピード）の**2つのトラックで音声を収録**しています。

次のステップで練習してみましょう。
① Rのトラックを使い，**英文を見ながら**，スラッシュごとに読まれる音声のあとについて**音読**してみます。意味が思い浮かばないときは右頁の日本語訳を参照しましょう。
② 次に**英文を見ないで**，同様に**音読**します。音読するときは，読むだけでなく，**英文の内容を，頭の中でイメージする**ことが大切です。
③ Nのトラックを使い，ナチュラルスピードの音声を聞きながら，**耳だけで英文の内容を理解**してみましょう。

音読トレーニング
センスグループ（→ p.xiv
〜p.1）に区切った英文

Rトラック：
リピートポーズ入り

Nトラック：
ナチュラルスピード

和訳

●本書で使用している記号について

このシリーズでは皆さんが効率よく学習を進められるように，統一した記号を使用しています。次の記号を前もって理解しておくことで，スムーズな学習ができます。

主文［主節］の構造： S＝主語　V＝動詞　O＝目的語　C＝補語
主文［主節］以外の構造： S'＝主語　V'＝動詞　O'＝目的語　C'＝補語
　　※SVなど文の要素に，'や"など，ダッシュ記号を付けて示しています。

V原＝動詞の原形　　　　Vpp＝動詞の過去分詞形　　　Vp＝動詞の過去形
to V原＝to 不定詞　　　　Ving＝現在分詞または動名詞
〜＝名詞　　　　　　　.../…＝形容詞または副詞　　....../……＝その他の要素

【　】→ 名詞の働きをするもの（名詞，名詞句，名詞節）
〈　〉→ 形容詞の働きをするもの（形容詞，形容詞句，形容詞節）
（　）→ 副詞の働きをするもの（副詞，副詞句，副詞節）
▢ 〈　〉→形容詞の働きをするものが，後ろから名詞を修飾

|名|＝名詞　　|動|＝動詞　　|形|＝形容詞　　|副|＝副詞　　|前|＝前置詞
|代|＝代名詞　|接|＝接続詞　|助|＝助動詞　　|熟|＝熟語　　|構|＝構文

＊名詞に後続する同格節や同格句は本来名詞の働きをするものですが，本書では英文を理解しやすくするために，あえて〈　〉にしてあります。
＊文構造の〈　〉や（　）の太さは，それぞれの対応を示しています。

●英語の文型について

本書では，各英文の主節や主文にはSVOC，それ以外にはS' V' O' C' などの文型記号が付されています。学習にこれらの記号を活かすため，あらかじめ英語の5文型を理解しておくと便利です。

（第1文型）　主　語　＋　　自動詞　（＋修飾部分）
　　　　　　　 S　　　　　　V

（第2文型）　主　語　＋　be動詞類　＋　補　語　（＋修飾部分）
　　　　　　　 S　　　　　　V　　　　　　C

（第3文型）　主　語　＋　他動詞　＋目的語　（＋修飾部分）
　　　　　　　 S　　　　　　V　　　　 O

（第4文型）　主　語　＋　他動詞　＋目的語　＋目的語　（＋修飾部分）
　　　　　　　 S　　　　　　V　　　　 O　　　　 O

（第5文型）　主　語　＋　他動詞　＋目的語　＋　補　語　（＋修飾部分）
　　　　　　　 S　　　　　　V　　　　 O　　　　　C

＊S＝名詞，代名詞　V＝動詞　O＝名詞，代名詞　C＝名詞，代名詞，形容詞

センスグループの分け方

　スラッシュなどで英文を区切るセンスグループの分け方には，明確なルールがあるわけではありませんが，基本的には2〜5語ほどの「意味のカタマリ」でリズムよく分けていきます。大切なのは，「切る」という作業が目標になってしまわないことです。皆さんの目標は「読んでわかる」ことであり，切り方ばかりに集中するあまり，読むのが遅くなってしまっては本末転倒です。最初はおおざっぱに切り分けてどんどん読んでいき，徐々に文法を意識した正確な切り方を覚えていきましょう。ここでは，センスグループを切り分ける際の5つの大切なルールを学習します。例文を音読しながら，2〜5語のリズムを体得してください。

SVOCの要素で切る

　S, V, O, Cは文の最も基本的な要素なので，これらはセンスグループを切り分ける際にも非常に重要なヒントとなります。1つの要素が4語や5語のような大きなものになる場合は，それを1つのセンスグループとするとよいでしょう。

He told me / **a very interesting story.**
　S　V　O　　／　　　　　O
彼は私に語った　／　とても興味深い話を

Mr. Thompson found / **an incredibly cheap restaurant.**
　　　S　　　V　　　／　　　　　　O
トンプソン氏は見つけた　／　とんでもなく安いレストランを

文頭の副詞句の後ろで切る

　文頭に副詞句や副詞節が置かれる場合は，それらの副詞句や副詞節と主語の間では必ず切って読み進めましょう。文頭で副詞句の働きをするものとしては**前置詞句**や**分詞構文**などが考えられます。

In case of emergency, / **you should stay calm.**
　　　前置詞句　　　　／　　S　　V　　C
緊急事態には　　　　　／　平静を保つべきだ。

Seeing my face, / **she kindly smiled.**
　　分詞構文　　　／　　S　　　V
私の顔を見て　　　／　彼女は優しく微笑んだ。

長い主語の後ろで切る

　主語の直後に長い修飾部分が続く場合は，その主部と述語動詞を切り分けて読むことが重要です。通常**一拍おいて読まれ**，少々強い切れ目（**//**）となります。

The boy / singing a song / under the tree // is my brother.
　主語　　／　　＋分詞　　／　　＋副詞句　　／／　　述部
　少年は　／　歌を歌っている　／　木の下で　　／／　私の弟だ。

The products / that they produced // had many defects.
　主語　　　／　　＋関係代名詞節　　／／　　述部
　製品は　　／　　彼らが生産した　　／／　多くの欠陥があった。

前置詞や接続詞の前で切る

　前置詞や**接続詞**は直後に続く要素と結びついて固まりを作るため，多くの場合**その直前で切って読み**ます。群動詞や決まった表現になっているもの以外，前置詞とその目的語の間で切ることはまずありません。

He stayed / in the house / during the afternoon.
　S　V　　／　前置詞句　　／　　前置詞句
　彼はとどまった／　家の中に　／　午後の間は

I like him, / although everybody hates him.
　主節　　　／　接続詞＋S′V′（副詞節）
　私は彼が好きだ／　皆は彼を嫌っているけれども

カンマやセミコロンなどがある箇所で切る

　,（カンマ）は日本語の読点と似ていて，やはり**一拍おいて読む箇所**を示しています。当然カンマのある箇所では切って読んでいきます。**—**（ダッシュ）や**;**（セミコロン）などのマークの箇所でも切って読んでいきます。

He was born / in Beijing, / the capital of China.
　主文　　／　前置詞＋名詞＋カンマ　／　同格説明
　彼は生まれた　／　北京で　　　／　中国の首都の

I took the medicine; / otherwise / **I would have died.**
　S V O ＋セミコロン　　／　副詞　／　S　　V
　私は薬を飲んだ　　／　さもなければ　／　私は死んでいただろう。

1

Day 1

制限時間 **25**分

次の英文は，オーストラリアに留学したある日本人が書いたものです。これを読み，あとの設問に答えなさい。

At first I had a lot of difficulty communicating in English. The English spoken by native speakers seemed worlds away from the English I'd found in school textbooks. (1)It was much more complicated, and native speakers speak so fast and use so much slang.　　　　　A

And when it came to speaking English, I couldn't speak nearly as quickly as native speakers, and so every time I would start talking, the conversation would (2)come to a halt. So I started thinking of ways to improve my English conversation skills, and I came up with two ideas: improve your general knowledge, and know your English level.

　　　　　B　　　　　I'll give you an example. One day, in class, I started talking to the person sitting next to me: "How are you doing? My name's Kazu. I'm from Japan." He introduced himself in a strong Spanish accent, (3)[say], "Hi, I'm Bruno. I'm from Peru. Nice to meet you."

Already my mind was spinning. I was trying to remember his name as well as find some topic (4)[relate] to Peru. "Oh, you're from Peru. How long does it take to get to Australia from there?" I said suddenly, trying to gain some time. And then: "Machu Picchu, right? That's in Peru." Bruno's face brightened, and he started talking about Machu Picchu with breathless (5)[excite].

DATA				
ワード数 414	速読目標時間 (wpm:100w/m) 4'08"	□1回目 (月 日) □'□"	□2回目 (月 日) □'□"	□3回目 (月 日) □'□"

The conversation then moved to Japan and sushi, which he liked very much and which he pronounced "suchi" because he couldn't pronounce the sound "shi" very well. 　　C　　 It was a good conversation, and we ended up continuing it later at a barbeque we both went to.

(6)[people / talk about / is / getting / to / from abroad / their countries] a great way to make your conversation more enjoyable, and it helps (7)<u>to be able to say more than, "Wow! Peru! Cool! I want to go there someday."</u> In this way, it's better to have some knowledge of some famous person or place in that country.

　　D　　 Don't try to speak perfectly, without making any mistakes, and always be comfortable about asking how you say something or how you describe a certain situation in English. Don't hesitate. Nothing is lost in asking, and talking with people is a great opportunity to improve your English ability.

The Student Times, August 25, 2006

設問

1 A ～ D に入る文を下から1つずつ選びなさい。(配点：4問×4点＝16点)
① I spoke slowly and he listened carefully.
② On the other hand, knowing your English ability is much easier.
③ In the beginning I couldn't understand much more than about 50 percent of what people said.
④ General knowledge is the more important of the two when starting up a conversation.

2 下線部 (1) の It が指すものを，日本語で答えなさい。 (配点：4点)

3 下線部 (2) の意味に最も近いものを，下から1つ選びなさい。 (配点：3点)
① change ② stop ③ spread ④ continue

4 下線部 (3) ～ (5) の語の文中での適切な形を，下から1つずつ選びなさい。
(配点：3問×3点＝9点)
(3) ① says ② being said ③ said ④ saying
(4) ① relates ② related ③ to relate ④ relation
(5) ① excites ② excitement ③ exciting ④ excited

5 下線部 (6) の語句を並べ換えて，意味の通る英文を完成しなさい。なお，文頭に置く語も小文字で始めてあります。 (配点：5点)

6 下線部 (7) で筆者が言おうとしていることに最も近いものを，下から1つ選びなさい。 (配点：5点)
① 相手の言葉に対して即座に応答できるようになること。
② 相手よりもたくさんのことを話せるようになること。
③ 相手を喜ばせるための適切な言葉を使えるようになること。
④ 具体的で意味のある会話ができるようになること。

7 筆者によれば，英会話を上達させるために大切な2つのことは何ですか。日本語で答えなさい。 (配点：8点)

解答欄						
1	A	① ② ③ ④		B	① ② ③ ④	
	C	① ② ③ ④		D	① ② ③ ④	
2						
3	① ② ③ ④					
4	(3) ① ② ③ ④		(4) ① ② ③ ④		(5) ① ② ③ ④	
5						
6	① ② ③ ④					
7						

1回目	2回目	3回目
／50点	／50点	／50点

解答と解説

<table>
<tr><td rowspan="2">解答一覧</td><td rowspan="2">1</td><td>A</td><td>① ② ❸ ④</td><td>B</td><td>① ② ③ ❹</td></tr>
<tr><td>C</td><td>❶ ② ③ ④</td><td>D</td><td>① ❷ ③ ④</td></tr>
<tr><td colspan="2">2</td><td colspan="4">ネイティブ・スピーカーが話す英語</td></tr>
<tr><td colspan="2">3</td><td colspan="4">① ❷ ③ ④</td></tr>
<tr><td colspan="2">4</td><td colspan="4">(3) ① ② ③ ❹　(4) ① ❷ ③ ④　(5) ① ❷ ③ ④</td></tr>
<tr><td colspan="2">5</td><td colspan="4">Getting people from abroad to talk about their countries is</td></tr>
<tr><td colspan="2">6</td><td colspan="4">① ② ③ ❹</td></tr>
<tr><td colspan="2">7</td><td colspan="4">一般常識［一般的な知識］を向上させる［増やす］ことと，自分の英語のレベル［力］を知ること</td></tr>
</table>

1 このタイプの問いでは，まず**選択肢に一通り目を通しておく**のがよい。次に本文を頭から読み進め，選択肢および空所の前後の英文の中から，**代名詞**や**指示語**（it・this・they など），**つなぎの言葉**（but・because など）**を探す**のがセオリー。また，**入れやすいものから埋めていく**とよい。

　たとえば①では，he が誰を指すのかを考える。本文には筆者とペルー人のクラスメイトしか出てこないので，he はそのペルー人である。2人の会話が始まるのは第3パラグラフ第2文の I'll give you an example.（1つ例を挙げよう）のあとだから，①はCとDのどちらかに入ることになる。Dはパラグラフの冒頭で不自然なので，**Cに❶を入れる**と前後の文脈とうまくつながる。

　次に，②④は抽象的な内容なので後回しにして③を見ると，「最初は人々の言うことがあまり理解できなかった」という内容になっている。これは**第1パラグラフの内容に沿っている**ので，**❸はAに入る**。

　残る②④については，②の on the other hand（一方で）と，④の the more important of the two（2つのうちで重要な方）に着目する。④の **the two** が第**2パラグラフの最後の文中の two ideas を受けている**とわかれば，❹をBに入

れることができる。そして❷を D に入れれば，「2つの考えのうち残りの一方は……」という内容が最後に置かれることになり，文章全体のつじつまが合う。

> 選択肢の和訳
> ① 私はゆっくりと話し，彼は耳をこらした。
> ② 一方で自分の英語能力を知ることは，それよりもはるかに簡単だ。
> ③ 最初，私は人々が言うことの約 50 パーセントを大きく超えるところまで理解することはできなかった。
> ④ 会話を始める際には，一般常識がその2つの中でより重要である。

2 指示語として使われる it の指すものは，直前の文中にあると考えてよい。そこで it の指すものとしては，(1) the English spoken by native speakers（ネイティブ・スピーカーによって話される英語），(2) the English I'd found in school textbooks（私が学校の教科書で見つけた英語）の2つの可能性が考えられるが，文脈に合うのは (1) の解釈である。It was much more complicated とは，「(1) の方が (2) に比べてずっと複雑だった」ということ。

3 halt は「停止」の意味で，come to a halt は「停止する，止まる」ということ。halt の意味を知らなくても，筆者が英語を話すのに苦労したという文脈から，(会話が) ①「変化する」，②「止まる」③「広がる」，④「続く」という4つの選択肢のうちでは❷が最も自然な意味になることがわかる。

4 (3) カンマだけで後ろの文とつながれているので分詞構文と考えて，❹ saying を入れる。saying は and said の意味。過去形の③ said を入れると × He introduced himself ……, said …… のように2つの動詞を接続詞抜きで（カンマで）結びつけることになるので正しくない。

(4) relate は「〜を関連づける」という他動詞で，be related to 〜の形で「〜と関係がある」の意味を表す。ここでは some topic (that is [was]) related to Peru（ペルーと関係のある何かの話題）とするのが正しい。したがって正解は❷ related。

(5) with のような前置詞の後ろには名詞に相当する要素を置かねばならないので，with breathless excitement（息もつけない興奮を伴って→息もつけないほど興奮して）とする。したがって正解は❷ excitement。

解答と解説

5 下線部に続く部分のカンマの前までが完成した文の形になるはずだが，**並べ換える部分の後ろが名詞句**（a great way to ～）になっている。したがって，並べ換える部分は〈S＋V〉の形でなければならない。is は V（の一部）になるはずだが，その主語は単数のものでなければならない。しかし people や countries は is の主語にはなれない。そのことと後ろの形を考え合わせると，<u>S is a great way to V</u>（S は V するための優れた方法である）という文構造が見えてくる。そこで〈get + O + to V〉（O に V させる）の形を利用して <u>Getting people to talk</u> about their countries（人々に自分の国について話させる［話してもらう］こと）を is の主語にすれば，意味の通る形になる。残った from abroad を people の後ろに置けば，並べ換えた文が完成する。

6 to be able to say more than ..... の直訳は「.....よりも<u>より多くのことを言うことができること</u>」。直後の文の内容や，第 2 パラグラフの最後の文にある「一般常識を増やす」という内容から考えて，「より多くのこと」とは，話す量ではなく**内容の深さ**を意味する。したがって❹が正解。

7 第 2 パラグラフの最後の文に I came up with two ideas（私は 2 つの考えを思いついた）とあり，その具体的な内容は，後ろに (1) improve your general knowledge と (2) know your English level と書かれている。したがって，この 2 つを日本語に直せばよい。文章全体の構成としては，第 3 ～ 6 パラグラフで (1) が，第 7 パラグラフで (2) が詳しく説明されている。

文構造と構文のポイント

1 (At first) I had a lot of difficulty (communicating in English).
   S V   O

The English 〈 spoken by native speakers 〉 seemed (worlds) away (from
   S   V   C

the English ❶〈 I'd found (in school textbooks)〉). ❷ It was ❸(much)
              S'   V'   S V

more complicated, ❹ and native speakers speak (so fast) ❺ and use (so
   C   S   V   V

much slang. (In the beginning) I couldn't understand ❸ much more (than
   O   S   V   O

about 50 percent 〈 of 〖 what people said 〗〉).
                        S'   V'

　　私は最初のうちは英語で意思疎通をとることに大変苦労した。ネイティブ・スピーカーが話す英語は，学校の教科書で見かけた英語とは，とんでもなく違っているように思えた。それははるかに複雑だったし，ネイティブ・スピーカーはとても速く話し，非常に多くの俗語を使う。最初，私は人々が言うことの約50パーセントを大きく超えるところまで理解することはできなかった。

構文のポイント

❶ 〈S'd〉は，2種類の短縮形〈S had Vpp〉〈S would V原〉が考えられる。ここでは〈S'd〉のあとが Vpp なので，I had found の短縮形とわかる。〈S'd〉のあとの形に注目すること。

❷ この It は前文の The English spoken by native speakers を指す代名詞。代名詞が何を指すかは，実際に代入してみるとよい。ここでは，The English spoken by native speakers was much more complicated となり，文脈に合うことがわかる。

❸ 〈much + 比較級〉（はるかに比較級）は，比較級の強調表現。

❹ 〈A and B〉のAとBは同じ要素になるのが基本。よって，ここでは2文，A = It was ..... complicated, B = native speakers speak ..... slang を並べている。

❺ ここでの〈A and B〉は，主語である native speakers の述語。A = speak so fast, B = use so much slang を並べている。

語句注

□ at first	熟	最初は	□ much	副 (比較級の前に置いて) ずっと
□ have a lot of difficulty Ving	熟	V するのに非常に苦労する	□ complicated	形 複雑な
□ communicate	動	意思疎通をとる	□ slang	名 スラング，俗語
□ native	形	ネイティブの	□ in the beginning	熟 最初は
□ worlds away from ~	熟	~から遠く離れている	□ percent	名 パーセント，確率
			□ what S V	構 SがVするもの［こと］

文構造と構文のポイント

2 And ❻(when it came to speaking English), I couldn't speak (nearly as quickly) (as native speakers), and so (every time I would start [talking]), the conversation would come (to a halt). ❼ So I started [thinking of ways 〈 to improve my English conversation skills 〉], and I came up with two ideas ❽: improve your general knowledge, and know your English level.

　そして，英語を話すことに関しては，私はネイティブ・スピーカーと同じくらいに速く話すことはまったくできなかった。だから，私が話し始めるといつも，会話が止まってしまうのだった。そこで，私は自分の英会話の技術を改善する方法を考え始めた。そして，2つの考えを思いついた。それは一般常識を向上させることと，自分自身の英語の水準を知ることだった。

構文のポイント

❻ 〈when it comes to Ving〉（V するということとなると）は重要表現。

❼ 〈 ……　So S V 〉（ ……。だから / そこで S は V する）は「原因・理由 So 結果」の関係を示す。So は接続詞。ここでは，「私が話し始めるといつも，会話が止まってしまうのだった（原因・理由），So（そこで）私は自分の英会話の技術を改善する方法を考え始めた（結果）」の関係。

❽ コロン（：）は「つまり」「たとえば」などの意味を表し，具体的な内容を追加したり列挙したりするのに用いる。ここでは，直前に述べた two ideas をコロンの後ろで説明している。

語句注

when it comes to Ving	熟 V するということになると	come to a halt	熟 停止する
nearly	副 ほぼ（not と共に用いると「決して……でない」）	think of ~	熟 ~について考える
		improve	動 改善する，向上させる
every time S V	構 S が V するときはいつでも	skill	名 技術
		come up with ~	熟 ~を思いつく
conversation	名 会話		

3 General knowledge is ❾ the more important of the two ❿ (when starting up a conversation). I'll give you an example. (One day), (in class), I started [talking to the person ⟨ sitting next to me ⟩] : "How are you doing? My name's Kazu. I'm (from Japan)." He introduced himself (in a strong Spanish accent), (saying, "Hi, I'm Bruno. I'm (from Peru). ❶ Nice (to meet you))."

会話を始める際には，一般常識がその2つの中でより重要である。例を挙げよう。ある日，教室で私は隣に座っていた人と話し始めた。「調子はどうですか。私の名前はカズです。日本の出身です」。彼は強いスペイン語なまりで自己紹介をし，「どうも，私はブルーノです。ペルーの出身です。お会いできてうれしいです」と言った。

構文のポイント

❾ 〈the 比較級 of the two〉は「2つの中でより…な方」。比較級に the が付く点に注意。
❿ 〈when + Ving [分詞構文]〉の形。分詞構文は曖昧（あいまい）な表現であるため，「V するので」「V するとき」「V するならば」など文脈によって様々な意味で解釈できる場合も多い。よって，意味を限定したい場合，分詞構文の前に接続詞を付けて意味を限定する場合がある。when (you are) starting の you are が省略された形と考えてもよい。
❶ It is nice to meet you. の It is が省略された表現。

語句注

□ start up ~	熟 ~を開始させる	□ introduce	動 紹介する
□ example	名 例	□ Spanish	形 スペイン語の
□ next to ~	熟 ~の隣に	□ accent	名 なまり

文構造と構文のポイント

4　(Already) my mind was spinning. I was trying 【 to remember his name

⑫ (as well as find some topic 《 related to Peru 》) 】. "Oh, you're (from Peru).

⑬ How long does it take (to get to Australia (from there)) ?" I said

(suddenly), 〈trying to gain some time 〉. And then: "Machu Picchu, right?

That's (in Peru)." Bruno's face brightened, and he started 【 talking (about

Machu Picchu) (with breathless excitement) 】.

　すでに私は動転していた。私は，彼の名前を覚えながら，同時にペルーに関連した何かの話題を見つけようともしていた。「へえ，君はペルー出身なんだね。そこからオーストラリアまでどのくらいかかるの」。少し時間を稼ごうとして，私は突然そう口にした。そして，その後に私は言った。「マチュピチュだよね。そこってペルーにあるんだよね」。ブルーノの顔は明るくなり，彼は息もつけないほどに興奮しながら，マチュピチュについて話し始めた。

構文のポイント

⑫ 〈B as well as A〉（A だけでなく B も）は B に情報の重きがある。ここでは「ペルーの話題を考えるのは言うまでもなく，相手の名前を覚える努力さえ必要だった」ということ。

⑬ 重要表現〈It takes（＋人）＋〜時間＋to V原〉（（人が）V するのに〜時間かかる）の「時間」を尋ねる場合の疑問文。

語句注

□ mind	名 思考力，頭脳	□ get to 〜	熟 〜に到着する
□ spin	動 （くるくる）回る，混乱する	□ gain	動 手に入れる
□ try to V原	熟 V しようと試みる	□ brighten	動 輝く
□ as well as 〜	熟 〜だけでなく	□ breathless	形 息をつかない
□ How long does it take to V原?	構 V するのにどれくらいの時間がかかりますか	□ excitement	名 興奮

5 The conversation (then) moved (to Japan and sushi) , 《 which he liked (very much)》 ⑭ and 《 which he pronounced "suchi" (because he ⑮ couldn't pronounce the sound "shi" (very well)》》. I spoke (slowly) and he listened (carefully). It was a good conversation, and we ended up (continuing it (later) (at a barbeque 《 we both went to 》)).

そして会話は日本と寿司の話題へと移ったが，彼は寿司が大好きで，「シ」という音があまりうまく発音できないために，寿司を「スチ」と発音した。私はゆっくりと話し，彼は耳をこらした。それは楽しい会話で，結局私たちはあとで2人で行ったバーベキューパーティーでもその会話を続けることとなった。

> **構文のポイント**
> ⑭ この〈A and B〉は，sushi を先行詞とした関係代名詞節 A ＝ which he liked ……, B ＝ which he pronounced …… を並べている。
> ⑮ 否定表現〈not …… very〉（あまり……ない）に注意。

語句注

□ pronounce	動 発音する	□ continue	動 続ける
□ carefully	副 注意深く	□ barbecue	名 バーベキュー（パーティー）
□ end up Ving	熟 結局 V する		

文構造と構文のポイント

6 ⑯ **[** Getting people 〈 from abroad 〉 to talk 〈 about their countries 〉 **]** is
　　　　S　　　　　　　　　　　　　　　　　　　　　　　　　　　　　　　　V
a great way 〈 to ⑰ make your conversation more enjoyable 〉, and it
　　C　　　　　　　　　　　　　　　　　　　　　　　　　　　　　　　　　　S
⑱ helps **[** to be able to say more 〈 than, "Wow! Peru! Cool! I want **[** to go
　　V　　O　　　　　　　　　　　　　　　　　　　　　　　　　S' V'　O'
〈 there 〉 〈 someday 〉**]]** ." 〈 In this way 〉, it's better **[** to have some
　　　　　　　　　　　　　　　　　　　　　　　　　　　　　S V　　　　 C
knowledge 〈 of some famous person or place 〈 in that country 〉〉**]** .

　外国から来た人たちに自分の国のことを話してもらうことは，会話をより楽しいものにするための優れた方法だ。また，「わあ！　ペルー！　かっこいいね！　いつか行きたいな」という（中身のない言葉）以上のことを言えるようになるのに役立つ。このように，その国の何らかの有名な人物や場所についての，ある程度の知識を持っていた方がよい。

構文のポイント
⑯ 使役表現〈get O to V原〉(O に V してもらう) に注意。
⑰ 重要表現〈make O C〉(O を C にする) に注意。
⑱ 重要表現〈help (to) V原〉(V するのに役立つ) は to が省略されることも多いので注意。

語句注

□ from abroad	熟 海外から (の)	□ help (to) V原	熟 V するのに役立つ
□ make O C	構 O を C にする	□ cool	形 かっこいい
□ enjoyable	形 楽しい	□ in this way	熟 このようにして

7 ⑲ (On the other hand), [knowing your English ability] is (much) easier. Don't try [to speak (perfectly), (without making any mistakes)], ⑳ and (always) be comfortable (about asking [how you say something] or [how you describe a certain situation] (in English)). Don't hesitate. Nothing is lost (in asking), and [talking with people] is a great opportunity ⟨ to improve your English ability ⟩.

　一方で自分の英語能力を知ることは，それよりもはるかに簡単だ。全く間違わずに完璧に話そうとしてはならない。そして，ある物を英語でどう表現するのか，またある状況を英語でどう説明するのかを，常に気楽に尋ねるようにしよう。ためらってはならない。尋ねることで失うものは何もない。そして人と話すことは英語力を高める大きな機会となるのだ。

構文のポイント

⑲ 〈on the other hand〉（一方で）は対比を表す表現。対比された内容は，逆の内容になる場合も多い。ここでは次のように対比されている。
《前文：第6パラグラフ》その国の何らかの有名な人物や場所についての，ある程度の知識を持っていた方がよい（＝ある程度の労力を要する）⇔《続く文：第7パラグラフ》自分の英語能力を知ることは，それよりもはるかに簡単である（＝労力は不要である）。

⑳ ここでの〈A and B〉は，命令文 A ＝ Don't try ……，B ＝ (always) be comfortable …… を並べている。A ＝ speak …… と並べていると誤読しないように注意。and の直前にカンマがあるため，そこで文は1度切れている。よって，新たな文が始まっている可能性を考える。

語句注

☐ on the other hand	熟 一方で	☐ describe	動 述べる，説明する
☐ perfectly	副 完璧に	☐ situation	名 状況
☐ make a mistake	熟 間違いをする	☐ hesitate	動 ためらう
		☐ opportunity	名 機会

パラグラフ・リーディング

次のマクロチャートを使って，パラグラフの要旨とパラグラフ間のつながりを確認しましょう。

マクロチャート

第1パラグラフ	導入①	筆者：ネイティブの話す英語を聞き取るのに苦労 原因 複雑さ・スピードの速さ・スラング
第2パラグラフ	導入②	英語を話す際にも苦労
	結論	英会話技術改善への2つの方法 (1) 一般常識力の向上 (2) 自分の英語能力の水準を把握
第3パラグラフ	(1)の具体化	会話を始めるとき： (1) は (2) よりも重要 ペルー人との英会話
第4パラグラフ	展開①	ペルーにあるマチュピチュを話のトピックにすると英会話が弾む
第5パラグラフ	展開②	日本と寿司の話にトピックが移り，2人の会話は盛り上がる
第6パラグラフ	まとめ	外国人に自国の話をしてもらうと会話が楽しいものになる ⇒ 相手国の有名人や有名な場所などの知識が有効 ⇒ (1) は (2) よりも重要
		対比
第7パラグラフ	(2)の具体化	(2) は (1) よりも容易 間違いを恐れずに英語を話すことで英会話力が高まる

サマリー

➡解答は p.19

(1)～(5)の空所に入る適切な語をそれぞれ下の①～⑤から選び，問題英文の要約を完成させなさい。　　（配点：5問×3点＝15点）

英会話の技術を向上させる方法は2つあり，1つは **(1)**（　　　）を向上させること，もう1つは自分の英語能力の水準を **(2)**（　　　）することである。話し相手の国の **(3)**（　　　）や有名な場所の知識は，英会話を盛り上げるのに有効である。さらに，自分の英語能力を知って，**(4)**（　　　）を恐れずに英語を話すことにより **(5)**（　　　）は高まっていくのである。

①把握　②一般常識力　③英会話力　④有名人　⑤間違い

(1)	
(2)	
(3)	
(4)	
(5)	

得点
／15点

音読トレーニング

意味がすらすらわかるまで，繰り返し練習しましょう。

1 At first / I had a lot of difficulty / communicating in English. / The English / spoken by native speakers / seemed worlds away / from the English / I'd found in school textbooks. / It was much more complicated, / and native speakers speak so fast / and use so much slang. / In the beginning / I couldn't understand much more / than about 50 percent / of what people said. /

2 And / when it came to speaking English, / I couldn't speak / nearly as quickly as native speakers, / and so / every time I would start talking, / the conversation would come to a halt. / So / I started thinking of ways / to improve my English conversation skills, / and I came up with two ideas: / improve your general knowledge, / and know your English level. /

3 General knowledge is the more important / of the two / when starting up a conversation. / I'll give you an example. / One day, / in class, / I started talking to the person / sitting next to me: / "How are you doing? / My name's Kazu. / I'm from Japan." / He introduced himself / in a strong Spanish accent, / saying, "Hi, I'm Bruno. / I'm from Peru. / Nice to meet you." /

4 Already / my mind was spinning. / I was trying to remember his name / as well as find some topic / related to Peru. / "Oh, you're from Peru. / How long does it take / to get to Australia from there?" / I said suddenly, / trying to gain some time. / And then: / "Machu Picchu, right? / That's in Peru." / Bruno's face brightened, / and he started talking about Machu Picchu / with breathless excitement. /

1 私は最初のうちは英語で意思疎通をとることに大変苦労した。ネイティブ・スピーカーが話す英語は，学校の教科書で見かけた英語とは，とんでもなく違っているように思えた。それははるかに複雑だったし，ネイティブ・スピーカーはとても速く話し，非常に多くの俗語を使う。最初，私は人々が言うことの約50パーセントを大きく超えるところまで理解することはできなかった。

2 そして，英語を話すことに関しては，私はネイティブ・スピーカーと同じくらいに速く話すことはまったくできなかった。だから，私が話し始めるといつも，会話が止まってしまうのだった。そこで，私は自分の英会話の技術を改善する方法を考え始めた。そして，2つの考えを思いついた。それは一般常識を向上させることと，自分自身の英語の水準を知ることだった。

3 会話を始める際には，一般常識がその2つの中でより重要である。例を挙げよう。ある日，教室で私は隣に座っていた人と話し始めた。「調子はどうですか。私の名前はカズです。日本の出身です」。彼は強いスペイン語なまりで自己紹介をし，「どうも，私はブルーノです。ペルーの出身です。お会いできてうれしいです」と言った。

4 すでに私は動転していた。私は，彼の名前を覚えながら，同時にペルーに関連した何かの話題を見つけようともしていた。「へえ，君はペルー出身なんだね。そこからオーストラリアまでどのくらいかかるの」。少し時間を稼ごうとして，私は突然そう口にした。そして，その後に私は言った。「マチュピチュだよね。そこってペルーにあるんだよね」。ブルーノの顔は明るくなり，彼は息もつけないほどに興奮しながら，マチュピチュについて話し始めた。

p.19 サマリー　解答 (1) ② (2) ① (3) ④ (4) ⑤ (5) ③

音読トレーニング

5 The conversation then moved / to Japan and sushi, / which he liked very much / and which he pronounced "suchi" / because he couldn't pronounce the sound "shi" / very well. / I spoke slowly / and he listened carefully. / It was a good conversation, / and we ended up continuing it later / at a barbeque / we both went to. /

6 Getting people from abroad / to talk about their countries / is a great way / to make your conversation more enjoyable, / and it helps / to be able to say more than, / "Wow! / Peru! / Cool! / I want to go there someday." / In this way, / it's better to have some knowledge / of some famous person or place / in that country. /

7 On the other hand, / knowing your English ability / is much easier. / Don't try to speak perfectly, / without making any mistakes, / and always be comfortable / about asking how you say something / or how you describe a certain situation / in English. / Don't hesitate. / Nothing is lost in asking, / and talking with people / is a great opportunity / to improve your English ability. /

5 そして会話は日本と寿司の話題へと移ったが,彼は寿司が大好きで,「シ」という音があまりうまく発音できないために,寿司を「スチ」と発音した。私はゆっくりと話し,彼は耳をこらした。それは楽しい会話で,結局私たちはあとで2人で行ったバーベキューパーティーでもその会話を続けることとなった。

6 外国から来た人たちに自分の国のことを話してもらうことは,会話をより楽しいものにするための優れた方法だ。また,「わあ！ ペルー！ かっこいいね！ いつか行きたいな」という(中身のない言葉)以上のことを言えるようになるのに役立つ。このように,その国の何らかの有名な人物や場所についての,ある程度の知識を持っていた方がよい。

7 一方で自分の英語能力を知ることは,それよりもはるかに簡単だ。全く間違わずに完璧に話そうとしてはならない。そして,ある物を英語でどう表現するのか,またある状況を英語でどう説明するのかを,常に気楽に尋ねるようにしよう。ためらってはならない。尋ねることで失うものは何もない。そして人と話すことは英語力を高める大きな機会となるのだ。

Day 2

制限時間 **25分**

次の英文を読み，あとの設問に答えなさい。

　　Energy-saving homes are no longer just a high-priced hope for the future. A housing project just outside of London is showing that technological housing can be built to help the general **(A)**<u>population</u> and the world's environment.

　　The Ecopark project has built 39 houses that use a selection of energy-saving technological fixtures and fittings*. None of these are brand-new inventions — many of them have been around for some time but have often been considered too expensive. This project proves that **(1)**<u>times have changed</u>; saving energy is no longer just for the wealthy who can afford futuristic homes. When these simple **(B)**<u>devices</u> are used together, in everyday housing, the result is modern energy-saving homes that most people can afford.

　　Each house will save energy by creating its own power through solar collectors, which use the sun's energy to heat water. Under-floor heating offers a more **(C)**<u>cost-effective</u> source of warmth. Low flush toilets and spray taps save water. Sunrooms provide spaces that are lit and heated by the sun's energy. Rooms are painted with water-based paints (rather than oil-based paints that are a drain* on the Earth's natural resources). Non-drinking water for washing is recycled for flushing. These will save energy; just as importantly, they will save money through lower water and electricity bills.

　　(2)<u>So that people can see how the energy-saving technology</u>

DATA				
ワード数 341	速読目標時間 (wpm:100w/m) 3'25"	□1回目 (月 日) □'□"	□2回目 (月 日) □'□"	□3回目 (月 日) □'□"

works, the project includes a Naked House. This is part of the site's visitor center. **(3)**<u>Built</u> with see-through walls and cut-away sections, this offers visitors the chance to see each device in action.

  (4)<u>Energy-saving is more important today than it ever was</u>. The Earth's own natural resources are slowly declining year by year; meanwhile, the population is growing. Projects like this are **(D)**<u>vital</u> if we are to sustain our living standards and the planet we live on.

  Ecopark shows us that **(E)**<u>innovation</u> is part of everyday life — that inventions are not dreams for the future. This project proves that energy-saving can work in everyday housing. Today, it's a new idea; tomorrow, it could be the standard way to build every home.

This story first appeared at www.britishcouncil.org/learnenglish and is reprinted with the permission of the British Council

---

＊［注］ fixtures and fittings: 設備と備品　drain: 枯渇のもと

設問

1 (A) 〜 (E) の語の意味に最も近いものを，下から 1 つずつ選びなさい。
(配点：5 問 × 2 点 = 10 点)

① a thing made for a particular purpose
② absolutely necessary
③ making changes in something established
④ the inhabitants of a particular place
⑤ useful in relation to its price

2 下線部 (1) が示唆する事実を日本語で説明しなさい。 (配点：6 点)

3 下線部 (2) を日本語に直しなさい。 (配点：6 点)

4 下線部 (3) の言い換えとして適切なものを，下から 1 つ選びなさい。
(配点：4 点)

① Because it is built
② If it is built
③ Why it is built
④ In order to be built

5 [　　] 内の語を並べ換えて，下線部 (4) を言い換えた文を完成しなさい。
(配点：4 点)

Never [as / as important / been / energy-saving / it is / has] now.

6 次の各文が本文の内容に一致するよう，空所に入る適切な語句を下から 1 つずつ選びなさい。
(配点：5 問 × 4 点 = 20 点)

1. (　　　) are used in the 39 houses built by the Ecopark project.
① Brand-new inventions
② Existing technologies
③ Recycled materials
④ Expensive equipment

2. The energy-saving houses don't use (　　　).
① spray taps
② solar collectors
③ oil-based paints
④ under-floor heating

3. The Ecopark project will help to (   ).
   ① save money   ② decline natural resources
   ③ get away from our planet   ④ improve our living standards

4. All houses could be equipped with (   ) in the future.
   ① see-through walls   ② high-priced technologies
   ③ electronic machines   ④ energy-saving devices

5. The Ecopark shows that technological innovation will make it possible for (   ) to save energy.
   ① wealthy people   ② ordinary people
   ③ eco-conscious people ④ its visitors

解答欄

1	(A)	① ② ③ ④ ⑤	(B)	① ② ③ ④ ⑤	(C)	① ② ③ ④ ⑤
	(D)	① ② ③ ④ ⑤	(E)	① ② ③ ④ ⑤		

2	

3	

4	① ② ③ ④

5	Never [ ] now.

6	1	① ② ③ ④	2	① ② ③ ④	3	① ② ③ ④
	4	① ② ③ ④	5	① ② ③ ④		

1回目	2回目	3回目
／50点	／50点	／50点

解答と解説

解答一覧	1	(A)	①②③**④**⑤	(B)	**①**②③④⑤	(C)	①②③④**⑤**
		(D)	①**②**③④⑤	(E)	①②**③**④⑤		
	2	省エネのための住宅設備の価格が下がり、(富裕層だけでなく) 一般家庭でも利用できるようになった。					
	3	省エネ技術がどのようなしくみで機能するのかを人々が見ることができるように					
	4	**①**②③④					
	5	Never [has energy-saving been as important as it is] now.					
	6	1	①**②**③④	2	①②**③**④	3	**①**②③④
		4	①②③**④**	5	①**②**③④		

1 (A) 〜 (E) の語の意味に近い選択肢は、それぞれ以下の通り。

- **(A)** population 「(全) 住民」 → **④**「特定の場所の住人たち」
- **(B)** device 「装置」 → **①**「特定の目的のために作られたもの」
- **(C)** cost-effective 「費用効率の高い」 → **⑤**「価格に関して有益な」
- **(D)** vital 「不可欠の」 → **②**「絶対に必要な」
- **(E)** innovation 「革新」 → **③**「確立されたものを変化させること」

2 「時代は変わった」というフレーズが示唆する事実を説明するためには、「(1) 以前は ····· であったが、(2) 今では ····· になった」という内容で答える必要がある。(1) に当たるのは直前にある ..... have often been considered too expensive (しばしば高価すぎると考えられていた)、(2) に当たるのは、直後に書かれている saving energy is no longer just for the wealthy ..... (省エネはもはや単に金持ちだけのためのものではない) である。ここでは**住宅設備の話**をしているので「(1) 省エネの住宅設備は以前は高価だったが、(2) 今では一般庶民にも利用できるほどの低価格になった」という内容を答えればよい。

3 〈so that S′ can V′〉(S′がV′できるように)という「**目的**」を表す表現に注意して訳す。〈how S works〉で「Sがどのように働く[機能するの]か」という意味になる。

4 **文の最初に過去分詞があるときは，分詞構文である場合が多い**。built の意味上の主語はカンマの後ろの this であり，**this = a Naked House** である。一般に分詞構文は，**しばしば接続詞を使って言い換えることができる**。Built を文脈に合う接続詞で置き換えてみると，❶の「それは……造られている**ので**」という意味に解釈するのが適切だとわかる。

5 下線部は「省エネは今日，今までよりも重要である」の意味。並べ換える語句に as が2つ含まれているので，Nothing is <u>as</u> important <u>as</u> health.（健康ほど大切なものはない）のような形を考える。問題文は Never が文頭に置かれているが，通常の語順なら Energy-saving has <u>never</u> been as important as it is now.（省エネは今ほど重要だったことは今までに一度もない）となる。この文から **never を強調のために文頭**に出すと，〈V + S〉の倒置が起こり，この問題の解答のように Never <u>has</u> <u>energy-saving</u> <u>been</u> …… となる。

6 1. 問題文の「**39 houses**」は**第2パラグラフの最初の文**に出てくる。ここではそれらの住宅が省エネ設備を使っていると説明されており，次の文に「これらはどれも brand-new inventions（新規の発明）ではない」とある。続く **many of them have been around** は「それらの多くは（以前から）あった」という意味だから，❷の「**現存する技術**」が正解。

> **問題英文と選択肢の和訳**
> ☐☐☐ が，「エコパーク」プロジェクトによって建てられた39棟の住宅に使われている。
> × ① 新規の発明
> 〇 ② 現存する技術
> × ③ 再生利用された素材
> × ④ 高価な設備

解答と解説

2. energy-saving houses（省エネ住宅）で使われている個々の設備は，**第3パラグラフで説明されている**。選択肢の4つの語句はすべてこのパラグラフに出てくるが，第5文に Rooms are painted with water-based paints (rather than oil-based paints .....) とある。これは「部屋は（……油性ペンキよりもむしろ）水性ペンキで塗装されている」ということ。したがって**油性ペンキは使われていない**ので，❸が正解。

> 問題英文と選択肢の和訳

省エネ住宅は _____ を使っていない。
- × ① スプレー式の蛇口
- × ② 太陽熱収集器
- 〇 ③ 油性ペンキ
- × ④ 床下暖房

3. ここからあとの3問は，本文の主題である「エコパーク」プロジェクトの目的と意義に関するものであり，**文章全体の理解に基づいて答える必要がある**。この問いではプロジェクトの意義が問われているが，**第3パラグラフの最後の文の** they will save money（お金を節約する）から考えて❶が正解。②〜④は第5パラグラフに関連しているが，第2文の ..... natural resources are slowly declining は「天然資源はゆっくりと減少している」で，decline は「減少する」（自動詞）の意味。一方②の decline は「減少させる」（他動詞）で，「プロジェクトが天然資源を減少させる」という意味になるので誤り。③は get away from 〜（〜から逃げる）が本文の内容に合わないので誤り。④は一見正しいようだが，第5パラグラフの最後の文には sustain our living standards とある。この sustain は「持続する，維持する」の意味で，派生語の sustainable（持続可能な）とともに環境論で使われる重要語。improve（向上させる）とは意味が違うので誤り。

> 問題英文と選択肢の和訳

「エコパーク」プロジェクトは _____ ことに役立つだろう。
- 〇 ① お金を節約する
- × ② 天然資源を減らす
- × ③ 私たちの惑星から逃げ出す
- × ④ 私たちの生活水準を高める

4. 第6パラグラフの内容に関連している。第1文で「技術革新は日常生活の一部である」，第2文で「省エネは一般住宅でも機能する」と説明されており，最後の文で「そうした考えがすべての住宅の建築基準になりうる」とある。この内容から考えて，正解は❹。①は第4パラグラフによれば，すべての住宅ではなくエコパークの展示住宅（「裸の家」）にあるものだから誤り。②は本文の趣旨と完全に矛盾する。③は本文に書かれていない。

問題英文と選択肢の和訳
将来はすべての住宅が　　　　　を備えるようになるかもしれない。
× ① 透けて見える壁
× ② 高価な技術
× ③ 電子機器
○ ④ 省エネ装置

5. 第1パラグラフの第2文に「一般の人々と地球環境の助けとなるハイテク住宅を造ることができる」とあり，これが「エコパーク」プロジェクトの目的である。つまりこのプロジェクトは，技術革新によって安価な省エネ住宅を量産することで，省エネ活動を日常生活のレベルにまで広げることをねらいとしている。その文脈から考えて正解は❷であり，①③④のような特定の人々を対象としたものではない。

問題英文と選択肢の和訳
「エコパーク」は，技術革新によって　　　　　が省エネを行うことを可能にするだろうということを示している。
× ① 裕福な人々
○ ② 一般人
× ③ 環境意識の高い人々
× ④ そこへの訪問者たち

文構造と構文のポイント

1 Energy-saving homes are ❶(no longer)(just) a high-priced hope 〈 for the future 〉. A housing project 〈 just outside of London 〉 is showing [that technological housing can be built 〈 to help the general population ❷ and the world's environment 〉].

　省エネ住宅は，もはや単なる高価な未来の希望ではなくなった。一般の人々と地球環境の助けとなるようにハイテク住宅を造ることが可能であることを，ロンドンのすぐ近郊の住宅プロジェクトが示そうとしている。

> **構文のポイント**
> ❶〈no longer .....〉（もはや …… でない）は，否定の意味を持つ重要表現。
> ❷〈A and B〉のAとBは同じ要素が基本。よって，to help の目的語 A ＝ the general population，B ＝ the world's environment を並べている。

2 The Ecopark project has built 39 houses 〈 that use a selection 〈 of energy-saving technological fixtures ❸ and fittings 〉〉. ❹ None of ❺ these are brand-new inventions ❻ — many of ❼ them have been (around) (for some time) ❽ but have (often) been considered (too) expensive. ❾ This project proves [that times have changed] ❿ ; [saving energy] is (no longer) (just for the wealthy 〈 who can afford futuristic homes 〉). (When ❺ these simple devices are used (together), (in everyday housing)), the result is modern energy-saving homes 〈 that most people can afford 〉.

この「エコパーク」プロジェクトでは，省エネ技術の設備と備品を取り揃えた 39 棟の住宅が建てられている。これらはどれも新規の発明ではない——その多くは少し前からあるにはあったが，しばしば高価すぎると思われてきたものである。このプロジェクトは時代が変わったことを証明している——省エネはもはや未来型の住宅に住む資金に余裕がある富裕層だけのものではない。これらの簡単な装置を組み合わせて一般の住居で使うと，大半の人の手の届く近代的な省エネ住宅となるのだ。

構文のポイント

❸ ここでの〈A and B〉は，A ＝ energy-saving technological fixtures，B ＝ (energy-saving technological) fittings を並べている。

❹ 否定表現〈none of ～〉（何ひとつ～ない）に注意。

❺ 2 つの these は，energy-saving technological fixtures and fittings を指している。

❻ ダッシュ（—）には，関連情報を加える働きがある。ここでは，前文を受け，「その多くは少し前からあるにはあったが，しばしば高価すぎると思われてきたものだ」という情報を加えている。

❼ ここでの them は，前出の these（＝ energy-saving technological fixtures and fittings）を指す代名詞。

❽〈A but B〉の A と B は同じ要素が基本。A ＝ many of them have been .....，B ＝ (many of them) have often been considered ..... を並べている。A と B は逆のイメージを持つことが多く，ここでも，A ＝前からあった（プラスイメージ），B ＝高価すぎると思われてきた（マイナスイメージ）のように，逆のイメージになっている。

❾ この This project は前出の project，つまり the Ecopark project を指している。

❿ セミコロン（;）には，that is（すなわち）の意味がある。ここでは，前文の内容をセミコロン以下で言い換え，内容をよりわかりやすく説明している。

語句注

□ energy-saving	形 省エネ型（の）	□ be around	熟 存在している，出回っている
□ no longer	熟 もはや ..... ではない	□ for some time	熟 しばらくの間
□ high-priced	形 高価な	□ consider O C	構 O を C だと思う
□ housing	名 住宅供給，住居	□ expensive	形 高価な
□ project	名 企画	□ prove that S V	構 S V ということを証明する
□ technological	形 技術的な	□ the ＋ 形容詞	熟 形容詞の人々
□ general	形 一般的な	□ wealthy	形 裕福な
□ population	名 （ある地域に住む）人々，人口	□ afford ～	動 ～を買う（金銭的な）余裕がある
□ environment	名 環境	□ futuristic	形 未来の，未来的な
□ selection	名 選ばれたもの	□ device	名 装置，機器
□ brand-new	形 新品の	□ result	名 結果
□ invention	名 発明	□ modern	形 現代の，現代的な

文構造と構文のポイント

3 Each house will save energy (by creating ⑪ its own power (through solar collectors , ⟨ which use the sun's energy (to heat water)⟩)) . Under-floor heating offers a more cost-effective source ⟨ of warmth ⟩ . Low flush toilets ⑫ and spray taps save water. Sunrooms provide spaces ⟨ that are lit ⑬ and heated (by the sun's energy)⟩ . Rooms are painted (with water-based paints (rather than oil-based paints ⟨ that are a drain ⟨ on the Earth's natural resources ⟩⟩)) . Non-drinking water ⟨ for washing ⟩ is recycled (for flushing) . ⑭ These will save energy ⑮ ; (just as importantly) , ⑯ they will save money (through lower water ⑰ and electricity bills) .

　各家庭では，太陽エネルギーを用いて水を温める太陽熱収集器を通じて，自らが使う電力を作り出すことでエネルギーを節約することになる。床下暖房は，より費用効率の高い暖房の供給源となる。低流量のトイレとスプレー式の蛇口によって，水が節約できる。サンルームは太陽エネルギーによる照明と暖房を備えたスペースを供給する。部屋は（地球の天然資源の枯渇のもととなる油性ペンキではなく）水性ペンキで塗装されている。洗濯用の非飲料水はトイレを流すのに再生利用される。これらは省エネになるだけでなく，同程度に重要なこととして，水道代と電気代を減らすことでお金の節約にもなるだろう。

構文のポイント

⑪ ここでの its は each house を指す代名詞。
⑫ ここでの〈A and B〉は，主語 A = low flush toilets，B = spray taps を並べている。
⑬ ここでの〈A and B〉は，受動態 A = are lit (by the sun's energy)，B = (are) heated by the sun's energy を並べている。また，lit は light（明るくする）の過去・過去分詞形。
⑭ ここでの These は，この段落のすべての内容 (These より前) を指している。
⑮ 前文の内容に対比させてセミコロン以下で情報を加えている。
⑯ they はこの文の主語の These を指す。
⑰ ここでの〈A and B〉は，A = water，B = electricity を並べている。lower〈water and electricity〉bills ということ。

4

⑱ **(So that people can see [how the energy-saving technology works])**, the project includes a Naked House. ⑲ **This** is part of the site's visitor center. (Built with see-through walls ⑳ **and** cut-away sections), ⑲ **this** offers visitors the chance ⟨ to see each device ⟨in action⟩ ⟩.

省エネ技術がどのようなしくみで働くのかを人々が見ることができるように，プロジェクトには「裸の家」もある。これは現地の案内所の一部である。透けて見える壁と，内部が見えるように一部を切り取った区画を持つ建物で，訪問者が各装置の動く様子を見る機会を提供している。

構文のポイント

⑱ ⟨so that S′ can V′原⟩（S′ が V′ できるように）の so that は，「目的」を表す接続詞。
⑲ ２つの this は前出の a Naked House を指している。
⑳ ここでの ⟨A and B⟩ は，A＝ see-through walls，B＝ cut-away sections を並べている。

語句注

□ each ＋ 単数名詞	熟 それぞれの 単数名詞	□ water-based	形 水性の
□ own	形 自身の	□ rather than ~	熟 ～よりむしろ
□ power	名 力，電力	□ oil-based	形 油性の
□ through ~	前 ～を通して	□ drain	名 枯渇の原因
□ solar collector	名 太陽熱収集器	□ non-drinking	形 飲み水用でない
□ heat	動 暖める	□ washing	名 洗濯
□ under-floor	形 床下の	□ recycle	動 再利用する
□ cost-effective	形 費用効率が高い	□ flush	動 （トイレの水が）流れる
□ source	名 資源，源	□ just as importantly	熟 同様に重要なことであるが
□ warmth	名 暖かさ	□ electricity bill	名 電気料金請求書
□ flush toilet	名 水洗トイレ	□ include	動 含む
□ spray tap	名 スプレー式の蛇口	□ site	名 現場，敷地
□ sunroom	名 サンルーム	□ visitor center	名 （訪問者のための）案内所
□ provide	動 提供する	□ see-through	形 透けて見える
□ space	名 空間	□ cut-away	形 （内部が見えるように）一部を切り取った
□ lit (light-lit-lit)	動 light（火［照明］をつける）の過去分詞	□ in action	熟 作動中で，活動中で
□ paint	動 ペンキを塗る		

文構造と構文のポイント

5 Energy-saving [S] is [V] more important [C] (today) (than it [S'] (ever) was [V']) . The Earth's own natural resources [S] are (slowly) declining [V] (year by year) ㉑ ; (meanwhile) , the population [S] is growing [V] . ㉒ Projects [S] 〈 like this 〉 are [V] vital [C] (㉓ if we [S'] are to sustain [V'] our living standards [O'] ㉔ and the planet [O''] 〈 we [S''] live on [V''] 〉) .

　今日，省エネはかつてないほど重要になっている。地球自身の天然資源は年とともに少しずつ減っているが，その一方で人口は増えている。私たちが生活水準と住んでいる惑星を維持しようとすれば，このようなプロジェクトが不可欠である。

構文のポイント

㉑ セミコロン (;) には**逆接の内容をつなぐ働き**もある。ここでは，前文の内容と逆の内容（《前文》**天然資源は減っている**，《続く文》**人口は増えている**）をつないで説明している。順接なのか逆接なのかは見た目では区別が付かないので，**内容から判断**が必要。

㉒ 無冠詞複数形は「**不特定の複数のもの**」を示すため，Projects とは「**不特定の[一般的な]プロジェクト**」を指す。また，ここでの this はこれまで話題にしてきた Ecopark project を指している。すなわち，Projects like this (「エコパーク」プロジェクトのような一般的[さまざま]なプロジェクト) の意味になる。

㉓ S＝人の場合，〈if S' be to V' 原〉は「**S' が V' するつもりならば**」という S の意図を表す表現になる。

㉔ ここでの〈A and B〉は，sustain の目的語 A ＝ our living standards，B ＝ the planet we live on を並べている。

語句注

□ decline	動 減少する		□ be to V 原	熟 V するつもりである
□ year by year	熟 年ごとに，年々		□ sustain	動 維持する
□ meanwhile	副 一方で		□ living standard	名 生活水準
□ vital	形 非常に重要な，不可欠な		□ planet	名 惑星

6 Ecopark shows us [that innovation is part of everyday life] ㉕ — [that inventions are not dreams ⟨ for the future ⟩]. ㉖ This project proves [that energy-saving can work (in everyday housing)]. (Today), it's a new idea ㉗ ; ㉘ (tomorrow), it could be the standard way ⟨ to build every home ⟩.

エコパークは，技術革新が日常生活の一部であること——発明は将来の夢ではないこと——を我々に示している。このプロジェクトは，一般の住宅で省エネがうまくいくことを証明している。それは今日では新しい概念だが，将来はすべての住宅を建てる標準的な方法になりうるであろう。

- **構文のポイント**
- ㉕ ダッシュ (—) には，関連情報を加える働きがある。ここでは，前文を受け，「that inventions are not dreams for the future」という情報を加えている。
- ㉖ ここでの This project とは，前出の project，すなわち Ecopark project を指している。
- ㉗ ここでのセミコロン (;) も逆接の内容（《前文》今日においては新しい概念だ，《続く文》将来はすべての住宅の標準的な建造方法になりうる）をつないで説明している。
- ㉘ tomorrow には「将来」の意味もあることに注意。

語句注			
☐ innovation	图 技術革新	☐ standard	形 標準的な
☐ invention	图 発明		

パラグラフ・リーディング

次のマクロチャートを使って，パラグラフの要旨とパラグラフ間のつながりを確認しましょう。

マクロチャート

第1パラグラフ	テーマ	住宅プロジェクトが**高価ではない省エネ住宅**が建設可能と証明 ⇒ **一般の人々・地球環境の手助けに**
第2パラグラフ	展開①	エコパーク プロジェクト 省エネ技術の設備と備品を用意 　⇒ 一般の人々が購入可能
第3パラグラフ	具体例	・太陽エネルギー　　　　　⇒ 電力を作る ・床下暖房　　　　　　　　⇒ 費用対効果 大 ・低流量のトイレ・スプレー蛇口 ⇒ 節水 ・水性ペンキ　　　　　　　⇒ 天然資源の枯渇予防 ・洗濯用の非飲料水　　　　⇒ トイレ用の水に ⇒ 省エネ［環境］＋お金の節約［人々］へ
第4パラグラフ	展開②	裸の家 (プロジェクトの一環) 　⇒ 省エネ技術を人々に紹介する機会を提供

↓

第5パラグラフ	現状説明	**省エネの重要性** 理由 天然資源の減少＋地球の人口増加 　このようなプロジェクトは不可欠
第6パラグラフ	結論	「エコパーク」プロジェクトにより省エネは達成可能 **将来は全住宅の建築方法の基準**となりうる

サマリー

➡解答は p.39

(1)～(5) の空所に入る適切な語をそれぞれ下の①～⑤から選び、問題英文の要約を完成させなさい。　　（配点：5問×3点＝15点）

省エネ住宅を造る「エコパーク」プロジェクトは、この未来型の住宅が **(1)**（　　　）だけのものではなく、将来は **(2)**（　　　）にも入手可能となることを示し、省エネ技術を紹介する機会を設けている。この住宅に住むことで光熱費・水道代の節約につながり、地球環境に優しい生活様式が可能となる。**(3)**（　　　）の減少と **(4)**（　　　）増加に直面している現在、こうしたプロジェクトは不可欠であり、将来は全住宅の標準的な **(5)**（　　　）となるだろう。

①天然資源　②富裕層　③建築方法　④地球の人口　⑤一般の人々

(1)	
(2)	
(3)	
(4)	
(5)	

得点
／15点

音読トレーニング

意味がすらすらわかるまで，繰り返し練習しましょう。

1 Energy-saving homes / are no longer just a high-priced hope / for the future. / A housing project / just outside of London / is showing / that technological housing can be built / to help the general population / and the world's environment. /

2 The Ecopark project has built 39 houses / that use a selection of energy-saving technological fixtures and fittings. / None of these / are brand-new inventions— / many of them / have been around / for some time / but have often been considered too expensive. / This project proves / that times have changed; / saving energy is no longer just for the wealthy / who can afford futuristic homes. / When these simple devices are used together, / in everyday housing, / the result is modern energy-saving homes / that most people can afford. /

3 Each house will save energy / by creating its own power / through solar collectors, / which use the sun's energy / to heat water. / Under-floor heating / offers a more cost-effective source of warmth. / Low flush toilets and spray taps / save water. / Sunrooms provide spaces / that are lit and heated / by the sun's energy. / Rooms are painted / with water-based paints / (rather than oil-based paints / that are a drain on the Earth's natural resources). / Non-drinking water for washing / is recycled for flushing. / These will save energy; / just as importantly, / they will save money / through lower water and electricity bills. /

1 省エネ住宅は，もはや単なる高価な未来の希望ではなくなった。一般の人々と地球環境の助けとなるようにハイテク住宅を造ることが可能であることを，ロンドンのすぐ近郊の住宅プロジェクトが示そうとしている。

2 この「エコパーク」プロジェクトでは，省エネ技術の設備と備品を取り揃えた39棟の住宅が建てられている。これらはどれも新規の発明ではない——その多くは少し前からあるにはあったが，しばしば高価すぎると思われてきたものである。このプロジェクトは時代が変わったことを証明している——省エネはもはや未来型の住宅に住む資金に余裕がある富裕層だけのものではない。これらの簡単な装置を組み合わせて一般の住居で使うと，大半の人の手の届く近代的な省エネ住宅となるのだ。

3 各家庭では，太陽エネルギーを用いて水を温める太陽熱収集器を通じて，自らが使う電力を作り出すことでエネルギーを節約することになる。床下暖房は，より費用効率の高い暖房の供給源となる。低流量のトイレとスプレー式の蛇口によって，水が節約できる。サンルームは太陽エネルギーによる照明と暖房を備えたスペースを供給する。部屋は（地球の天然資源の枯渇のもととなる油性ペンキではなく）水性ペンキで塗装されている。洗濯用の非飲料水はトイレを流すのに再生利用される。これらは省エネになるだけでなく，同程度に重要なこととして，水道代と電気代を減らすことでお金の節約にもなるだろう。

p.37 サマリー　解答 (1) ❷　(2) ❺　(3) ❶　(4) ❹　(5) ❸

音読トレーニング

4 So that people can see / how the energy-saving technology works, / the project includes a Naked House. / This is part of the site's visitor center. / Built with see-through walls / and cut-away sections, / this offers visitors the chance / to see each device / in action. /

5 Energy-saving is more important today / than it ever was. / The Earth's own natural resources / are slowly declining / year by year; / meanwhile, / the population is growing. / Projects like this are vital / if we are to sustain our living standards / and the planet we live on. /

6 Ecopark shows us / that innovation is part of everyday life / —that inventions are not dreams / for the future. / This project proves / that energy-saving can work / in everyday housing. / Today, / it's a new idea; / tomorrow, / it could be the standard way / to build every home. /

4　省エネ技術がどのようなしくみで働くのかを人々が見ることができるように，プロジェクトには「裸の家」もある。これは現地の案内所の一部である。透けて見える壁と，内部が見えるように一部を切り取った区画を持つ建物で，訪問者が各装置の動く様子を見る機会を提供している。

5　今日，省エネはかつてないほど重要になっている。地球自身の天然資源は年とともに少しずつ減っているが，その一方で人口は増えている。私たちが生活水準と住んでいる惑星を維持しようとすれば，このようなプロジェクトが不可欠である。

6　エコパークは，技術革新が日常生活の一部であること——発明は将来の夢ではないこと——を我々に示している。このプロジェクトは，一般の住宅で省エネがうまくいくことを証明している。それは今日では新しい概念だが，将来はすべての住宅を建てる標準的な方法になり得るであろう。

●音読達成シート

❶	月	日	❷	月	日	❸	月	日	❹	月	日	❺	月	日
❻	月	日	❼	月	日	❽	月	日	❾	月	日	❿	月	日

Day 3

次の英文を読み，あとの設問に答えなさい。

　A language dies only when the last person who speaks it dies. Or perhaps (1)it dies when the second-last person who speaks it dies, for then there is no one left to talk to.

　There is nothing unusual about a single language dying. (2)Communities have come and gone throughout history, and with them their languages. Hittite*, for example, died out when its civilization disappeared in Old Testament* times. But what is happening today is extraordinary, judged by the standards of the past. It is language extinction on a massive scale. Of the 6,000 or so languages in the world about half are going to die out in the course of the present century: 3,000 languages, in 1,200 months. That means, (A) average, there is a language dying out somewhere in the world every two weeks or so.

　How do we know? In the course of the past two or three decades, linguists* all over the world have been gathering comparative data. If they find a language with just a few speakers left, and nobody is bothering to pass the language (B) to the children, obviously that language is bound to die out soon. And we have to draw the same conclusion if a language has less than 100 speakers. It is not likely to last very long. A 1999 survey showed that 96% of the world's languages are spoken by just 4% of the people. (3)No wonder so many are in danger.

　Data compiled by the Summer Institute of Linguistics* in 1999

DATA				
ワード数 374	速読目標時間 (wpm:100w/m) 3' 44"	□1回目 (月 日) □ ' □ "	□2回目 (月 日) □ ' □ "	□3回目 (月 日) □ ' □ "

recognized 6,784 languages, with data available for 6,060. There were 51 languages with just one speaker left — 28 of them in Australia alone. (4)There were nearly 500 languages in the world with less than 100 speakers; 1,500 with less than 1,000; and 5,000 languages with less than 100,000.

Why are so many languages dying? The reasons range from natural disasters, through different forms of cultural assimilation*, to genocide*. Small communities in isolated areas can easily be wiped out by earthquakes, hurricanes, floods, and other large-scale and violent events in the natural world. A habitat* may become unsurvivable through unfavourable climatic and economic conditions — famine and drought especially. Communities can die through imported diseases — from smallpox* to the common cold, and especially, these days, AIDS. Cultural assimilation is an even bigger threat. Much of the present crisis stems from the major cultural movements which began 500 years ago, as colonialism* spread a small number of dominant languages, such as English, Spanish, Portuguese, and French, around the world.

David Crystal, *Shooting languages* (http://www.davidcrystal.com/)

---

* [注] Hittite：ヒッタイト語　　Old Testament：旧約聖書　　linguist：言語学者
the Summer Institute of Linguistics：夏期言語協会（米国を本拠地として，キリスト教信仰に基づき世界の言語研究などを行う非営利機関。今日では SIL International（国際 SIL）と言う）　　assimilation：同化　　genocide：組織的大量虐殺　　habitat：居住地　　smallpox：天然痘　　colonialism：植民地化政策

設 問

1 下線部 (1) を和訳しなさい。ただし，訳文には it の示す内容を含めなさい。

(配点：8点)

2 下線部 (2) を和訳しなさい。

(配点：7点)

3 1つの言語はどのくらいのペースで消滅しているのか，第2パラグラフを読んで，日本語で答えなさい。

(配点：5点)

4 下線部 (3) を和訳しなさい。ただし，訳文には many のあとに省略されている内容を含めなさい。

(配点：5点)

5 下線部 (4) を和訳しなさい。

(配点：8点)

6 最後のパラグラフで多くの言語が消滅する理由が述べられています。その中で，何にも増して決定的なことは何か，それが生じた経緯も含めて100字以内の日本語で述べなさい。(句読点も字数に含む)

(配点：14点)

7 本文中の空所（ A ）と（ B ）に共通して入る最も適切な語を答えなさい。

(配点：3点)

解答欄

1

2

3

4

5

6

7

1回目	2回目	3回目
／50点	／50点	／50点

Day3

解答と解説

解答一覧

1 言語はそれを話す最後から2番目の人が死ぬとき消滅する。というのも、そのときにはもう話しかける人が残っていないからだ。

2 共同体は、歴史を通じて生まれたり消えたりしてきた。そしてそれと共に、それに属する言語も生まれたり消えたりしてきた。

3 (平均して) 2週間かそこらの間に1つ (のペースで世界のどこかで言語が消滅している)。

4 非常に多くの言語が危険にさらされているというのも不思議ではない。

5 話者が100人よりも少ない言語が世界に500種近く存在していた。また、話者が1,000人よりも少ない言語が1,500種近く、話者が10万人より少ない言語が5,000種近く存在していた。

6 少数言語の消滅にとって最大の脅威は、文化の同化である。それは、植民地化政策により英語、スペイン語など少数の支配的言語が世界中に広まるにつれて、500年前に端を発した大きな文化的動向から生じた。(96字)

7 on

---

1 下線部を含む文は Or (あるいは) で始まっているので、前の文とのつながりを考えると、it は前の文中の A language (言語) を指すことがわかる。when で始まる節は、when S dies (Sが死ぬとき) のSに当たるものが the second-last person who speaks it (その言語を話す最後から2番目の人)。(×) …… speaks / it dies と区切って考えてはならない。for は「というのは …… だから」の意味を表す接続詞。

2 省略された語句を補って考えるのがポイント。同じ言葉の繰り返しを避けるために、…… and with them their language (have come and gone) のカッコ内が省略されている。them は communities (共同体) を指すので、and 以下は「共同体とともに、その言語も生まれたり消えたりしてきた」という意味になる。

3 第2パラグラフの最後の2つの文に数字が挙げられているが，設問文に「1つの言語はどのくらいのペースで」とあるので，最後の文にある every two weeks or so（2週間かそこらごとに）を使って答える。every は「〜ごとに」の意味。その前の文にある「1,200カ月で3,000の言語が消滅する」というのは実数であって，「1つの言語が消滅するペース」ではない。

4 many のあとに**名詞**が省略されていると考えると，その候補としては直前の文中の languages と people が考えられる。ここまでの文脈から，この文章のテーマは「世界中で多くの言語が消滅している」ということだと推測できるので，「**多くの言語が危機にさらされている**」と解釈するのが正しい。No wonder は**文修飾副詞**。(It is) no wonder that ..... で，「..... ということは不思議ではない [当然だ]」の意味。

5 ⟨A; B; and C⟩ のように，3つの情報が**セミコロン**（;）で**並列**されている。セミコロンは接続詞に準ずる働きを持つので，A・B・C のそれぞれを文（またはそれと同等の形）と考えると，B は A 同様に，(there were nearly) 1,500 (languages in the world) with less than 1,000 (speakers) のカッコ内が省略された形だとわかる。C も同様。

6 設問文が「**(1) 何にも増して決定的なこと（理由）**」「**(2) それが生じた経緯**」という**2つの情報**を求めているので，**2つの文に分けて書く**のがよい。該当箇所は**本文の最後の2つの文**。最後から2つ目の文に Cultural assimilation is an even bigger threat.（文化的同化はさらに大きな脅威である）とあるので，これが (1) の答えになる。(2) は**最後の文の内容**をまとめる。「文化的同化。それが生じた経緯は…」のように箇条書き的に答えてもよいが，解答例のように全体としてまとまった文章になるように答えるのが望ましい。cultural assimilation（**文化的同化 [融合]**）とは，ある文化の中に別の文化が入り込み，両者が1つになること。その過程で**話者の少ない言語は，話者のより多い言語に吸収されてしまう**。これが言語の消滅の最大の要因だ，と本文では述べられている。

7 (A) は ⟨on (an [the]) average⟩「平均して」，(B) は ⟨pass ＋ 物 ＋ on (to ＋ 人)⟩「(人に) 〜を伝える」という表現。

文構造と構文のポイント

1 A language dies (only when the last person 〈 who speaks it 〉 dies).
Or (perhaps) it dies (when the second-last person 〈 who speaks it 〉 dies),
❶ for 〈 then 〉 there is no one 〈 left to talk to 〉.

　言語はその言語を話す最後の人間が死んだときにはじめて消滅する。もしくはその言語を話す最後から 2 番目の人が死ぬとき消滅すると言えるかもしれない。というのも、そのときにはもう話しかける人が残っていないからだ。

> **構文のポイント**
> ❶ 〈 ....., for S V 〉 の for は「……というのは S が V するからだ」という意味を表す接続詞。直前の文に理由を加える。ここでは「消滅すると言える理由」を for 以下で加えている。

2 There is ❷ nothing unusual 〈 ❸ about a single language dying 〉. Communities have come and gone (throughout history), ❹ and (with them) their languages. Hittite, (for example), died out (when its civilization disappeared (in Old Testament times)). But [what is happening (today)] is extraordinary, ❺ (judged by the standards of the past). It is language extinction 〈 on a massive scale 〉. (Of the 6,000 or so languages in the world) about half are going to die out (in the course of the present century) ❻ : ❼ 3,000 languages, (in 1,200 months). That means, (on average), [there is a language 〈 dying out (somewhere in the world) (every two weeks or so))].

単一の言語が消滅するのは別に珍しいことではない。共同体は，歴史を通じて生まれたり消えたりしてきた。そしてそれと共に，それに属する言語も生まれたり消えたりしてきた。例えばヒッタイト語は，その文明が旧約聖書の時代に消滅した際に消滅した。しかしながら，過去の基準で判断すると，今日起こっていることは，異常である。それは，甚大なる規模での言語の消滅である。世界で 6,000 ほどある言語の中で，約半分が今世紀中に消滅するであろう。これは，1,200 カ月において 3,000 の言語が消滅するということだ。ということは，平均して，およそ 2 週間ごとのペースで，世界のどこかで 1 つの言語が消滅しているということだ。

構文のポイント

❷ 通常，形容詞は〈unusual talent〉（並はずれた才能）のように，〈形容詞＋名詞〉の語順になる。一方で，（代）名詞〈-thing〉を修飾する場合は，〈nothing unusual〉（何も珍しくないこと）のように，〈-thing＋形容詞〉の語順となる。

❸ about a single language dying は，前置詞（about）の後ろに〈意味上の主語＋動名詞〉を置いた形で，「単一の言語が消滅することについて」という意味になる。

❹〈A and B〉の A と B で同じ語句を用いている場合は，省略が起こる。ここでは，A ＝ Communities have come and gone throughout history，B ＝ with them their languages (have come and gone throughout history) の（ ）内の語句が省略されている。

❺ judged by ～（～により判断すると）は分詞構文。文の動詞は is であり，接続詞がないことから，副詞的な働きをする分詞構文（＝ if it is judged by ～）と判断できる。

❻ コロン（:）は「つまり」「例えば」などの意味を表し，具体的な内容を追加したり列挙したりするのに用いる。ここでは，前文全体を言い換えた内容がコロンの後ろで説明されている。

❼ コロンの後ろで前文の内容を説明しているため，同じ語句を用いている部分が省略されている。3,000 languages (are going to die out) in 1,200 months. が元の形。

語句注

□ second-last（英）	形	2 番目に最後の，最後から 2 番目の（米：second-to-last)		
□ ....., for S V	構	……というのは S が V するから		
□ there is ～ left	構	～が残っている		
□ unusual	形	まれな，普通ではない		
□ single	形	たった 1 つの，単一の～		
□ community	名	地域社会，共同体		
□ throughout ～	前	～を通して（ずっと）		
□ for example	熟	例えば		
□ die out	熟	絶滅する，廃れる		
□ civilization	名	文明		
□ disappear	動	消滅する，消える
□ extraordinary	形	常軌を逸した，異常な
□ judge	動	判断する
□ standard	名	基準
□ extinction	名	絶滅
□ massive	形	(程度が) はなはだしい，巨大な
□ scale	名	規模，スケール
□ in the course of ～	熟	～の過程で，～の途中で
□ on average	熟	平均して
□ every two weeks	熟	2 週間ごとに
□ ～ or so	熟	～かそこら

文構造と構文のポイント

3　How do we know? (In the course of the past two or three decades),
linguists 〈 all over the world 〉 have been gathering comparative data. (If
they find a language 〈 with just a few speakers left 〉, **❽** and nobody is
bothering (to pass the language on (to the children))), (obviously) that
language is bound (to die out (soon)). And we have to draw the same
conclusion (if a language has **❾** less than 100 speakers). It is not likely (to
last very long). A 1999 survey showed [that 96% of the world's languages
are spoken (by just 4% of the people)]. **❿** (No wonder) [**⓫** so many are
in danger].

　私たちはどのようにしてそれを知るのだろうか。過去20あるいは30年間，世界中の言語学者が比較用のデータを収集している。もしも，彼らがほんの数人しか話者が残っていない言語を発見して，誰もその言語をわざわざ子どもたちに伝えようとしていなければ，その言語が必ずすぐに消滅することは明白である。また，もしもある言語の話者が100人よりも少なければ，同じような結論を導かなければならない。その言語はあまり長く存続しそうにない。1999年の調査によれば，世界の96パーセントの言語はわずか4パーセントの人々によって話されているということである。これほど多くの言語が危険にさらされているというのも不思議ではない。

構文のポイント

❽ ここでの〈A and B〉は，A = If they find a language with just a few speakers left，B =（if）nobody is bothering to pass the language on to the children。よって，If.....children までが1つの節を作っている。誤読に注意。

❾ 和訳問題の場合，〈less than ~〉（~よりも少ない，~未満）を「~以下」としないように注意。

❿ 〈(It is) no wonder (that) S′ V′〉（S′がV′するのは少しも不思議ではない）の It is, that が省略された形。ここでは〈no wonder＝当然のことだが（naturally）〉と考えればよい。

⓫ many は「多くのもの」という意味の代名詞としても使う。ここでは so many languages are in danger の意味に解釈できる。

4 Data ⟨ compiled by the Summer Institute of Linguistics ⟨ in 1999 ⟩⟩ recognized 6,784 languages, ⟨ with data available ⟨ for 6,060 ⟩⟩. There were 51 languages ⟨ with just one speaker left ⟩ ⓬ — 28 of them ⟨ in Australia alone ⟩. There were ⟨ nearly ⟩ 500 languages ⟨ in the world ⟩ ⟨ with less than 100 speakers ⟩ ⓭ ; 1,500 ⟨ with less than 1,000 ⟩ ; and 5,000 languages ⟨ with less than 100,000 ⟩.

　1999年に夏期言語協会によって編纂されたデータでは，6,784の言語が認められた。また，そのうち6,060の言語に対してデータが入手できた。1人しか話者が残っていない言語が51種あり，オーストラリアだけで28種あった。話者が100人よりも少ない言語が世界に500種近く存在していた。また，話者が1,000人よりも少ない言語が1,500種近く，話者が10万人より少ない言語が5,000種近く存在していた。

構文のポイント

⓬ ダッシュ（—）には，**関連情報を加える働き**がある。ここでは，前文を受け，(there were) 28 of them[languages] (with just one speaker left) in Australia alone という情報を加えている。

⓭ セミコロン（;）には，**事項を並べる働き**がある。ここでは，前文に引き続き，(there were nearly) 1,500 (the languages in the world) with less than 1,000 (speakers)，(there were nearly) 5,000 languages (in the world) with less than 100,000 (speakers) を並べている。

語句注

☐ decade	名 10年間	☐ last	動 続く
☐ comparative	形 比較の	☐ survey	名 調査
☐ data	名 データ	☐ no wonder S V	構 SがVしても不思議ではない
☐ bother to V原	熟 わざわざVする	☐ in danger	熟 危機に瀕して
☐ pass ＋物＋ on (to ＋人)	熟 物を（人に）伝える	☐ compile	動 蓄積する，集める，編集する
		☐ institute	名 協会，機関，学会
☐ obviously	副 明らかに	☐ linguistics	名 言語学
☐ be bound to V原	熟 Vする運命にある	☐ recognize	動 認める，識別する
☐ draw a conclusion	熟 結論を引き出す	☐ available	形 入手できる，利用できる
☐ less than ～	熟 ～未満の，～に満たない	☐ nearly	副 ほぼ
☐ be likely to V原	熟 Vしそうである		

文構造と構文のポイント

5 Why are (so) many languages dying? The reasons range ⑭ (from natural disasters, (through different forms of cultural assimilation) , to genocide) . Small communities 〈 in isolated areas 〉 can (easily) be wiped out (by earthquakes, hurricanes, floods, ⑮ and other large-scale and violent events 〈 in the natural world 〉) . A habitat may become unsurvivable (through unfavourable climatic ⑯ and economic conditions — famine and drought (especially)) . Communities can die (through imported diseases — from smallpox to the common cold, and (especially, these days) , AIDS) . Cultural assimilation is an ⑰ (even) bigger threat. Much of the present crisis stems (from the major cultural movements 〈 which began (500 years ago) , (as colonialism spread a small number of dominant languages, 〈 such as English, Spanish, Portuguese, and French 〉, (around the world)))) .

　どうしてそれほど多くの言語が消滅しているのであろうか。その理由は，自然災害から，様々な形態の文化的統合によるもの，大量虐殺にまで及んでいる。孤立した地域にある小さな共同体は，地震，ハリケーン，洪水，そして，自然界における他の大規模で破壊的な出来事により，簡単に消し去られてしまう。特に飢饉や干ばつなどの好ましくない気候上，経済上の状況によって，居住地が存続不可能になってしまうかもしれない。天然痘や一般の風邪，また近年では特にエイズのような外来の病気によって，共同体が消滅することもありうる。文化的同化［融合］はさらに大きな脅威である。現在における（言語消滅の）危機の多くは，植民地化政策により英語，スペイン語，ポルトガル語，フランス語のような少数の支配的言語が世界中に広まるにつれて，500 年前に端を発した大きな文化的動向から生じたものである。

構文のポイント

⓮ 〈from A to B〉「A から B まで」の間に，through ~ が挿入された形。誤読に注意。

⓯ and は 3 つ以上が並列される場合は 〈A, B, C, and D〉のようにカンマを使う。よって，ここでは A = earthquakes，B = hurricanes，C = floods，D = other large-scale and violent events in the natural world となっている。

⓰ ここでの 〈A and B〉は A = climatic，B = economic で，unfavourable〈climatic and economic〉conditions という構造になっている。

⓱ 〈even ＋比較級（さらにいっそう~）〉は，比較級の強調表現。

語句注

□ reason	名 理由，原因		□ condition	名 状況，状態
□ range from A to B	熟 A から B に及ぶ		□ famine	名 飢餓
			□ drought	名 日照り，干ばつ
□ through ~	前 ~のために，~によって		□ especially	副 特に
□ different	形 異なった，違った		□ imported	形 輸入された
□ form	名 形，形式，形態		□ disease	名 病気
□ cultural	形 文化的な		□ common	形 一般的な，よくある
□ isolated	形 孤立した		□ AIDS	名 エイズ
□ area	名 地域，場所		□ assimilation	名 同化
□ easily	副 簡単に		□ even	副 （比較級を強めて）さらに，いっそう
□ wipe out ~	熟 ~を消し去る，~を一掃する		□ threat	名 脅迫，脅威
□ earthquake	名 地震		□ crisis	名 危機
□ hurricane	名 ハリケーン		□ stem from ~	熟 ~から生じる
□ flood	名 洪水		□ major	形 主要な，大きい
□ large-scale	形 大規模な		□ movement	名 動き，活動
□ violent	形 暴力的な，すさまじい		□ as S V	構 S が V するとき [につれて]
□ event	名 出来事		□ spread	動 広める
□ unsurvivable	形 生き残ることができない，存続不可能な		□ a small number of ~	熟 少数の~
□ unfavourable (英)	形 都合の悪い，好ましくない（米：unfavorable）		□ dominant	形 主要な，支配的な
			□ such as ~	熟 ~のような
□ climatic	形 気候上の		□ Portuguese	名 ポルトガル語
□ economic	形 経済の			

パラグラフ・リーディング

次のマクロチャートを使って、パラグラフの要旨とパラグラフ間のつながりを確認しましょう。

マクロチャート

第1パラグラフ	導入	ある言語の話者の数が最後の1人が死亡、または最後の1人になったとき、その**言語は消滅**

↓

第2パラグラフ	展開①	歴史上、言語の盛衰はその共同体の盛衰と連動 **今日の言語消滅率**は**過去最大**
第3パラグラフ	展開②	**言語学者のデータに基づく検証:** 世界の言語の**96%**は**消滅の危機**
第4パラグラフ	展開③	**夏期言語協会のデータに基づく検証:** 世界の言語は約6,000語 1. 話者1人の言語＝51種 2. 話者100人未満の言語＝ほぼ500種 3. 話者1,000人未満の言語＝ほぼ1,500種 4. 話者10万人未満の言語＝ほぼ5,000種

↓

第5パラグラフ	理由	**言語消滅の様々な理由:** 1. 自然災害（飢饉・気候変動・病気） 2. 文化の同化（植民地政策） 3. 大量虐殺 ➡**文化の同化**が最大の要因

サマリー

➡解答は p.57

(1) ～ (5) の空所に入る適切な語をそれぞれ下の①～⑤から選び，問題英文の要約を完成させなさい。　　　（配点：5問×3点＝15点）

歴史的に見れば，(1)（　　　　　）が消滅することは珍しいことではない。しかし，言語学者や言語研究所のデータが示しているように，現在，世界の言語は過去最大のペースで消滅の危機にある。その理由は，気候変動のような(2)（　　　　　），(3)（　　　　　），植民地政策による(4)（　　　　　），そして(5)（　　　　　）へと及んでいる。

①病気　②文化的同化　③大量虐殺　④言語　⑤自然災害

(1)	
(2)	
(3)	
(4)	
(5)	

得点
／15点

音読トレーニング

意味がすらすらわかるまで，繰り返し練習しましょう。

1 A language dies / only when the last person / who speaks it / dies. / Or perhaps / it dies / when the second-last person / who speaks it / dies, / for then / there is no one left to talk to. /

2 There is nothing unusual / about a single language dying. / Communities have come and gone / throughout history, / and with them / their languages. / Hittite, / for example, / died out / when its civilization disappeared / in Old Testament times. / But / what is happening today / is extraordinary, / judged by the standards / of the past. / It is language extinction / on a massive scale. / Of the 6,000 or so languages in the world / about half / are going to die out / in the course of the present century: / 3,000 languages, / in 1,200 months. / That means, / on average, / there is a language dying out / somewhere in the world / every two weeks or so. /

3 How do we know? / In the course of the past two or three decades, / linguists all over the world / have been gathering comparative data. / If they find a language / with just a few speakers left, / and nobody is bothering to pass the language on / to the children, / obviously that language is bound to die out / soon. / And we have to draw the same conclusion / if a language has less than 100 speakers. / It is not likely to last / very long. / A 1999 survey showed / that 96% of the world's languages / are spoken / by just 4% of the people. / No wonder / so many are in danger. /

1 　言語はその言語を話す最後の人間が死んだときにはじめて消滅する。もしくはその言語を話す最後から2番目の人が死ぬとき消滅すると言えるかもしれない。というのも，そのときにはもう話しかける人が残っていないからだ。

2 　単一の言語が消滅するのは別に珍しいことではない。共同体は，歴史を通じて生まれたり消えたりしてきた。そしてそれと共に，それに属する言語も生まれたり消えたりしてきた。例えばヒッタイト語は，その文明が旧約聖書の時代に消滅した際に消滅した。しかしながら，過去の基準で判断すると，今日起こっていることは，異常である。それは，甚大なる規模での言語の消滅である。世界で6,000ほどある言語の中で，約半分が今世紀中に消滅するであろう。これは，1,200カ月において3,000の言語が消滅するということだ。ということは，平均して，およそ2週間ごとのペースで世界のどこかで1つの言語が消滅しているということだ。

3 　私たちはどのようにしてそれを知るのだろうか。過去20あるいは30年間，世界中の言語学者が比較用のデータを収集している。もしも，彼らがほんの数人しか話者が残っていない言語を発見して，誰もその言語をわざわざ子どもたちに伝えようとしていなければ，その言語が必ずすぐに消滅することは明白である。また，もしもある言語の話者が100人よりも少なければ，同じような結論を導かなければならない。その言語はあまり長く存続しそうにない。1999年の調査によれば，世界の96パーセントの言語はわずか4パーセントの人々によって話されているということである。これほど多くの言語が危険にさらされているというのも不思議ではない。

p.55 サマリー　解答 (1)④ (2)⑤ (3)① (4)② (5)③

音読トレーニング

4 Data / compiled by the Summer Institute of Linguistics / in 1999 / recognized 6,784 languages, / with data / available for 6,060. / There were 51 languages / with just one speaker left / — 28 of them / in Australia alone. / There were nearly 500 languages / in the world / with less than 100 speakers; / 1,500 with less than 1,000; / and 5,000 languages / with less than 100,000. /

5 Why are so many languages dying? / The reasons range / from natural disasters, / through different forms of cultural assimilation, / to genocide. / Small communities / in isolated areas / can easily be wiped out / by earthquakes, hurricanes, floods, / and other large-scale and violent events / in the natural world. / A habitat may become unsurvivable / through unfavourable climatic and economic conditions / — famine and drought especially. / Communities can die / through imported diseases / — from smallpox / to the common cold, / and especially, / these days, / AIDS. / Cultural assimilation / is an even bigger threat. / Much of the present crisis / stems from the major cultural movements / which began 500 years ago, / as colonialism spread / a small number of dominant languages, / such as English, Spanish, Portuguese, and French, / around the world. /

4 1999年に夏期言語協会によって編纂されたデータでは，6,784の言語が認められた。また，そのうち6,060の言語に対してデータが入手できた。一人しか話者が残っていない言語が51種あり，オーストラリアだけで28種あった。話者が100人よりも少ない言語が世界に500種近く存在していた。また，話者が1,000人よりも少ない言語が1,500種近く，話者が10万人より少ない言語が5,000種近く存在していた。

5 どうしてそれほど多くの言語が消滅しているのであろうか。その理由は，自然災害から，様々な形態の文化的統合によるもの，大量虐殺にまで及んでいる。孤立した地域にある小さな共同体は，地震，ハリケーン，洪水，そして，自然界における他の大規模で破壊的な出来事により，簡単に消し去られてしまう。特に飢饉や干ばつなどの好ましくない気候上，経済上の状況によって，居住地が存続不可能になってしまうかもしれない。天然痘や一般の風邪，また近年では特にエイズのような外来の病気によって，共同体が消滅することもありうる。文化的同化［融合］はさらに大きな脅威である。現在における（言語消滅の）危機の多くは，植民地化政策により英語，スペイン語，ポルトガル語，フランス語のような少数の支配的言語が世界中に広まるにつれて，500年前に端を発した大きな文化的動向から生じたものである。

●音読達成シート

❶ 月 日	❷ 月 日	❸ 月 日	❹ 月 日	❺ 月 日
❻ 月 日	❼ 月 日	❽ 月 日	❾ 月 日	❿ 月 日

Day 4

制限時間 **25分**

次の英文を読み，あとの設問に答えなさい。

On the streets of New York or Denver or San Diego this summer, (1)it seems the small cap of a water bottle is sticking out of every other shoulder bag. Americans are increasingly thirsty for what is advertised as the healthiest, and often most expensive, water on the grocery shelf. But this country has some of the best public water supplies in the world. (A) consuming four billion gallons of water a year in individual-sized bottles, we need to start thinking about what all those bottles are doing to the planet's health.

Here are the hard, dry facts: yes, (2)drinking water is a good thing, far better than buying soft drinks, or liquid candy, as experts like to call it. And (3)almost all public drinking water in America is so good that nobody needs to import a single bottle from Italy or France. Meanwhile, if you choose to get your recommended eight glasses a day from bottled water, you could spend up to $1,400 annually. The same amount of tap water* would (B) about 49 cents.

Next, there's the environment. Water bottles, like other containers, are made from natural gas and petroleum. (4)It is said to take about 1.5 million barrels of oil to make the water bottles Americans use each year. That could fuel 100,000 cars a year instead. And, only about 23 percent of those bottles are recycled, in part because water bottles are often not included in local repayment plans* that accept beer and soda cans. Add in the substantial amount of fuel used in transporting water, which is extremely heavy, and the impact on the environment is anything but (C).

Tap water may now be the equal of bottled water, but that could change. The more the wealthy opt out of drinking tap water, the less political support there will be for investing in maintaining America's public water supply. (5)That would be a serious loss. Access to cheap, clean water is basic to the nation's health.

(6)The real change will come when millions of ordinary consumers realize that they can save money, and save the planet, if they stop using bottled water and start using tap water.

©2011 *The New York Times*

*［注］ tap water：水道水　repayment plan：払い戻し制度（購入時にボトルの代金を支払い，空のボトルを店に返却すればその代金を払い戻してもらえる制度）

設問

1 空所 (A) ～ (C) に入る最も適切な語句を，下から1つずつ選びなさい。

(配点：3問×4点＝12点)

(A) ① Besides ② Instead of ③ Owing to ④ According to
(B) ① account ② pay ③ cost ④ spend
(C) ① recovering ② respecting ③ relaxing ④ refreshing

2 下線部 (1) ～ (3) で筆者が言おうとしている内容に最も近いものを，下から1つ選びなさい。

(配点：3問×5点＝15点)

(1) ① Water bottles should be a little smaller.
   ② Many people have come to prefer bottled water.
   ③ Carrying a water bottle has become fashionable.
   ④ Many people don't care how they look to others.

(2) ① Experts like water better than soft drinks.
   ② Experts use good water to make soft drinks.
   ③ Water is far less expensive than soft drinks.
   ④ Water is better for our health than soft drinks.

(3) ① Tap water in America is usually clean enough to drink.
   ② There are enough bottles of water produced in America.
   ③ It isn't necessary for individuals to import bottled water.
   ④ Water bottles made in America are better than imported ones.

3 下線部 (4) を日本語に直しなさい。　　　　　　　　　　(配点：8点)

4 下線部 (5) の内容を日本語で説明しなさい。　　　　　　(配点：7点)

5 下線部 (6) の「変化」を引き起こす条件を，40～50字の日本語で説明しなさい。

(配点：8点)

解答欄

1	(A)	①	②	③	④	(B)	①	②	③	④	(C)	① ② ③ ④
2	(1)	①	②	③	④	(2)	①	②	③	④	(3)	① ② ③ ④

3

4

5

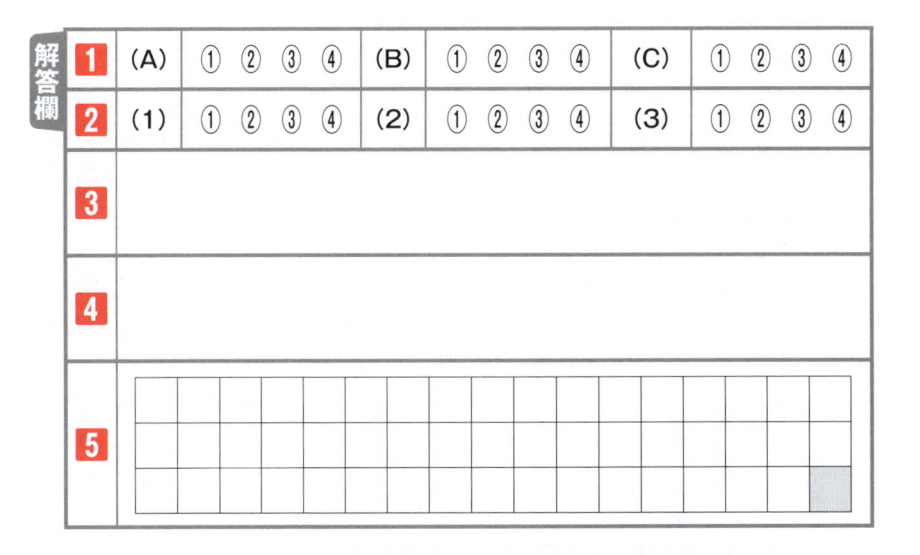

1回目	2回目	3回目
／50点	／50点	／50点

解答と解説

解答一覧													
1	(A)	①	**❷**	③	④	(B)	①	②	**❸**	④	(C)	①	②	③	**❹**
2	(1)	①	**❷**	③	④	(2)	①	②	③	**❹**	(3)	**❶**	②	③	④

3 アメリカ人が毎年使用する水のボトルを作るためには，約150万バレルの原油を必要とすると言われている。

4 アメリカの公的な水道水供給の維持に対する投資への政治的な支援が減少すること。

5 ボトル入りの水でなく水道水を使えば，お金を節約し，地球を救えると多くの消費者が気づくこと。 (45字)

1 (A) 文脈を考慮して適切な「つなぎの言葉」を選ぶ問題。選択肢はすべて前置詞の働きをする語句だから，「水を消費すること（　），水のボトルが地球の健康〔環境〕に与える影響に配慮する必要がある」という内容の空所に適するものを選べばよい。①「～に加えて」，②「～の代わりに」，③「～のために，～のおかげで」，④「～によれば」のうちで最も意味が通じるのは**❷**である。

(B) 動詞の語法を問うことに主眼を置いた問題。① account（動詞）の最も一般的な意味は「～を説明する」で，account for ～の形をとる。② pay と ④ spend はふつう人間を主語，お金〔金額〕を目的語として，He paid [spent] 50 dollars.（彼は50ドルを支払った〔費やした〕）のように使う。この文では The same amount of tap water（同量の水道水）が主語なので，pay や spend は意味的に適しない。③の cost は「～（の金額）がかかる」で，This bag cost 50 dollars.（このバッグは50ドルかかった）のように使う。空所に cost を入れると「同量の水道水なら約49セントかかるだろう」となり，意味が通じる。したがって**❸** cost が正解。「もし水道水を使えば」という仮定の意味を含むので，仮定法過去の would が使われている。

(C)「環境に与える影響は決して（　　　）ではない」という文脈から，空所には「よい」「小さい」などの意味を持つ形容詞を入れればよいと推測できる。

一般に**感情を表す動詞の現在分詞は「人に…させるような」という意味の形容詞**として使われ，③ relaxing は「人をリラックスさせる［くつろがせる］ような」，④ refreshing は「人をリフレッシュ［すがすがしく］させるような」という意味になる。① recovering は recover（回復する）の現在分詞だが，recover は感情を表す動詞ではないから，recovering を「回復するような」という意味の形容詞として使うことはできない。

② respecting には「〜に関する」（前置詞），「関連した」（形容詞）という意味はあるが，どちらも文脈に合わない。結局③か④のどちらかになるが，正解は ❹ refreshing である。「ペットボトル（入りの水）が環境に与える影響は，決して refreshing ではない」という表現は，この語がしばしば **refreshing drink [water]**（さわやかな飲み物［水］）のように飲料の性質を**形容するのに使われることと関連**している。つまり，「ペットボトルが環境に与える影響は，ペットボトルから一般に連想されるような『さわやか』なものではない」ということである。

2 (1) 下線部の直訳は「水の（ペット）ボトルの小さなキャップがどのショルダーバッグからもはみ出しているようである」。あとの説明と関連づけて考えると，「ボトル入りの水を使う人が増えている」という事実を**比喩的に表現**したものだとわかる。③は単に「持ち運ぶこと」が流行しているわけではないので誤り。

> 選択肢の和訳
× ①水のボトルはもう少し小さい方がよい。
○ ②多くの人々がボトル入りの水を好むようになっている。
× ③水のボトルを持ち運ぶことが流行している。
× ④多くの人々は自分が他人にどう見えるかを気にしない。

(2) soft drinks, or liquid candy, as experts like to call it の解釈がポイント。or は「すなわち」の意味で，soft drink = liquid candy であり，専門家はソフトドリンクのことを「液体のキャンディー」と呼ぶのを好む，という内容が書かれている。この場合の「専門家」とは医学の専門家（医者）のことであり，**糖分の多いソフトドリンクがいかに体に悪いかを象徴的に表す言葉**として，医者は liquid candy という言葉を好んで使うのである。このよ

うに直接書かれていないことを文脈と一般常識から推測できなければ、文章の内容を理解したことにはならない。なお、下線部全体で筆者の考えを述べており、専門家の考えではないので、①②は誤り。

> 選択肢の和訳
> × ① 専門家はソフトドリンクよりも水の方を好む。
> × ② 専門家はソフトドリンクを作るのによい水を使う。
> × ③ 水はソフトドリンクよりもはるかに安価である。
> ○ ④ 水はソフトドリンクよりも健康によい。

(3) 〈so ... that S′ V′〉（非常に…なので S′ は V′ する）の形を発見し、good の主語が public drinking water（公共の飲料水）であることを正しくとらえれば、❶が正解だとわかる。この文章が全体として「ボトル入り飲料の問題点」を指摘するものであることから考えても、ボトル（入りの水）に肯定的な価値を認める内容の選択肢は正しくない。

> 選択肢の和訳
> ○ ① アメリカの水道水は普通、飲めるくらい清潔である。
> × ② アメリカでは十分な水のボトルが生産されている。
> × ③ 個人がボトル入りの水を輸入する必要はない。
> × ④ アメリカで作られる水のボトルは輸入されるボトルよりも優れている。

3 **文構造の正確な理解**を問う問題。It is said …… という書き出しからは、ふつうは It is said that ……（……と言われている、……だそうだ）の形が思い浮かぶが、ここでは It is said to take …… のように**不定詞**が続いている。この take は、It takes ten minutes to go to the station.（駅へ行くのに 10 分かかる）と同様に、「**必要とする**」の意味で使われている。つまりこの文は、It takes A to make B（B を作るのに A を必要とする）の下線部が is said to take A（A を必要とすると言われている）という形に変化したものである。

4 That（そのこと）は、前の文の内容を指している。前の文は〈the + 比較級1, the + 比較級2〉「比較級1すればするほど、ますます比較級2」という形になっている。「深刻な損失になるだろう」の直接の主語となるのは後半の部分だから、前半の内容は省いてかまわない。（→ p.74　構文のポイント⓳）

5 The real change will come when ..... （本当の変化は……のときに起こるだろう）とあり，**変化を引き起こす条件は** when 以下に書かれている。文字数を考慮して，より具体的な内容を述べた if 以下を含め，日本語でまとめればよい。「本当の変化」の具体的な内容は書かれていないが，「地球の環境が改善する」「人々の意識が改善され循環型の社会が訪れる」などの変化が想定されていると推測できる。

文構造と構文のポイント

1　(On the streets of New York or Denver or San Diego this summer) , it
　　　　　　　　　　　　　　　　　　　　　　　　　　　　　　　　　　　　　S
seems [the small cap ⟨ of a water bottle ⟩ is sticking (out of every other
─────　　─────────　　　　　　　　　　　　　　　─────────
　V　　　　　C　　　S'　　　　　　　　　　　　　　　　　V'
shoulder bag)] .　Americans are (increasingly) thirsty (for ❶ [what is
　　　　　　　　　　─────────　───　　　　　　　　　　　─────　　　　　　　　　　　　─────
　　　　　　　　　　　　S　　　V　　　　　　　　　　　　　　C　　　　　　　　　　　　　　V'
advertised (as the healthiest, and often most expensive, water ⟨ on the

grocery shelf))]) .　But ❷ this country has some of the best public water
　　　　　　　　　　　　　　　　─────────　───　─────────────────────────
　　　　　　　　　　　　　　　　　　　S　　　　V　　　　　　　　　O
supplies ⟨ in the world ⟩ .　(Instead of consuming four billion gallons of
─────────
water ❸ (a year) (in individual-sized bottles)) , we need [to start thinking
　　　　　　　　　　　　　　　　　　　　　　　　　　　　　　───　────　──────────────
　　　　　　　　　　　　　　　　　　　　　　　　　　　　　　　S　　V　　　　　O
about [what all those bottles are doing (to the planet's health)]] .
　　　　　　────────────────　─────────
　　　　　　　　　　S'　　　　　　　　　　V'

　今年の夏，ニューヨークやデンバーやサンディエゴの通りでは，水の（ペット）ボトルの小さなキャップがどのショルダーバッグからもはみ出しているようである。アメリカ人は，食料品店の棚にある，最も健康的だと宣伝され大抵は最も高価な水を，ますます渇望している。しかしこの国は，世界最高水準の公共水道設備のいくつかを有している。個人サイズのボトルで１年間に40億ガロンの水を消費する代わりに，それらすべてのボトルが地球の環境にどのような影響を及ぼしているかを，我々は考え始める必要がある。

構文のポイント

❶ what is advertised as the healthiest water on the grocery shelf（食料品店の棚の上にある最も健康的な水だと宣伝されているもの）という関係詞節の中に，water の説明を追加するために and often most expensive（そしてしばしば最も高価な）という**形容詞句が挿入**されている。

❷ ここでの this country は，America を指している。このことは，前出の Americans から判断できる。

❸ a year（１年につき）のように，⟨a＋期間・数量⟩で「〜につき」の意味となる a に注意。

語句注

☐ New York	名 ニューヨーク	☐ expensive	形 高価な
☐ Denver	名 デンバー	☐ grocery	名 食料品店
☐ San Diego	名 サンディエゴ	☐ shelf	名 棚
☐ cap	名 キャップ	☐ supply	名 供給（量）
☐ water bottle	名 水の（ペット）ボトル	☐ public water supply	名 公共水道設備
☐ stick	動 突き出る		
☐ out of ~	熟 ~から外へ	☐ instead of ~	熟 ~の代わりに
☐ shoulder bag	名 ショルダーバッグ	☐ consume	動 消費する
☐ increasingly	副 ますます，次第に	☐ billion	形 10億の
☐ thirsty for ~	熟 ~を切望した（thirsty は「のどが渇いた」）	☐ gallon	名 ガロン（液体の単位。1ガロン＝約4リットル）
☐ advertise	動 広告する	☐ individual-sized	形 個人サイズの，一人用の
☐ healthiest	形 (healthy の最上級) 一番健康な	☐ planet	名 惑星，(the ~) 地球

文構造と構文のポイント

2 Here are ❹ the hard, dry facts ❺ : (yes) , 〖 drinking water 〗 is a good thing, (far better than buying soft drinks, ❻ or liquid candy, (as experts like 〖 to call ❼ it 〗)) . And almost all public drinking water 〈 in America 〉 is ❽ (so) good (that nobody needs 〖 to import a single bottle (from Italy or France)〗) . (Meanwhile) , ❾ (if you choose 〖 to get your recommended eight glasses (a day) (from bottled water)〗) , you could spend (up to) $1,400 (annually) . The same amount of tap water would cost about 49 cents.

　ここに動かせない明らかな事実がある。確かに水を飲むことはよいことであり，ソフトドリンク，すなわち専門家が好んでそれを呼ぶように「液体のキャンディ」（清涼飲料水）を購入するよりもはるかによい。そして，アメリカのほぼすべての公共飲料水は高品質なので，イタリアやフランスからボトル入りの飲料水を1本でも輸入する必要のある人は誰もいない。一方，望ましいとされる1日当たりグラス8杯の水をボトル入りの飲料水から摂取することを選んだ場合，年間に最大1,400ドルを費やすことになりかねない。同量の水道水なら約49セントである。

構文のポイント

❹ 〈形容詞1, 形容詞2＋名詞〉（形容詞1であり, 形容詞2である名詞）のように, 同じ名詞を修飾する形容詞を並べる場合はカンマを使うことがある。

❺ コロン（：）は「つまり」「例えば」などの意味を表し, 具体的な内容を追加したり列挙したりするのに用いる。ここでは, the hard, dry facts の具体的な内容を, コロンの後ろで説明している。

❻ 〈A, or B〉（A, すなわち B）のように, or は言い換えの表現としても用いられる。

❼ ここでの it は前出の名詞, すなわち, liquid candy を指す代名詞。as は「～のように」の意味で, 文法的には call の補語の働きをする関係代名詞（先行詞は liquid candy）と説明できるが, 接続詞の一種と考えてもよい。

❽ 〈so ..... that S′ V′〉（非常に…なので S′は V′する）は,「原因＝ so ...」「結果＝ that S V」の関係と考えることができる。よって, ここでは原因＝ almost all public drinking water in America is so good, 結果＝ that nobody needs to import a single bottle from Italy or France の関係となる。

❾ If 節中で現在形（choose）が使われているので, 仮定法過去の文ではない。主節の could は can（ありうる）の意味を和らげた言い方で,「（可能性は低いが）もしかしたら ..... ということがありうるかもしれない」ということ。

語句注

☐ fact	名 事実	☐ choose to V原	熟 V することに決める
☐ soft drink	名 ソフトドリンク	☐ recommend	動 推薦する, 薦める
☐ liquid	形 液体の	☐ a day	熟 一日につき
☐ candy	名 キャンディ	☐ up to ~	熟 ～まで, 最高～まで
☐ expert	名 専門家	☐ annually	副 年間に
☐ so ... that S V	構 非常に…なので S は V する	☐ same	形 同一の
☐ import	動 輸入する	☐ amount	名 量
☐ single	形 ただ 1 つの	☐ tap water	名 水道水
☐ Italy	名 イタリア	☐ cent	名 セント（貨幣の単位）
☐ France	名 フランス	☐ cost	動 （費用が）かかる
☐ meanwhile	副 一方で		

文構造と構文のポイント

3　(Next), there's the environment. Water bottles, (like other containers), ❿ are made (from natural gas and petroleum). It is said [to take about 1.5 million barrels of oil (to make the water bottles ⟨ Americans use (each year) ⟩)]. ⓫ That could fuel 100,000 cars (a year) (instead). And, only about 23 percent of those bottles are recycled, (in part because water bottles are (often) not included (in local repayment plans ⟨ that accept beer ⓬ and soda cans ⟩)). ⓭ Add in the substantial amount of fuel ⟨ used in transporting water, ⟨ which is (extremely) heavy ⟩ ⟩, and the impact ⟨ on the environment ⟩ is ⓮ anything but refreshing.

　次に、環境（の問題）がある。他の容器と同じく水のボトルは、天然ガスと石油から作られる。アメリカ人が毎年使用する水のボトルを作るためには、約150万バレルの原油を必要とすると言われている。それは、代わりに10万台の車に1年分の燃料を入れることのできる量である。またそれらのボトルは約23％しか再生利用されていないが、それは1つには、水のボトルがビール缶やソーダ（清涼飲料水）の缶を受け入れる地元の払い戻し制度に含まれていないことが多いからである。非常に重い（ボトル入りの）水を輸送するために使われる相当な量の燃料を加えると、環境に与える影響は決してすがすがしいものではない。

構文のポイント

- ❿ 〈S be made from ＋原料〉（S は〜〈原料〉から作られる＝材質が変化）に注意。
- ⓫ ここでの that は、前出の about 1.5 million barrels of oil を指している。
- ⓬ 〈A and B〉の A と B は同じ要素が基本。ここでは accept 〈beer and soda〉 cans ということ。
- ⓭ 〈命令文, and .....〉（V しなさい。そうすれば .....）の形。and 以降には、命令文により指示された動作を行った「結果」がくる。日本語訳を作る場合は、その関係を重んじ、**不自然な日本語にならないように注意**。
- ⓮ 〈anything but 〜〉（決して〜ではない）と〈nothing but 〜〉（〜だけ、〜にすぎない）の誤読に注意。

語句注

☐ environment	名 環境		☐ plan	名 計画	
☐ be made from + 原料	熟 ~〈原料〉から作られる		☐ accept	動 受け入れる	
☐ natural gas	名 天然ガス		☐ beer	名 ビール	
☐ petroleum	名 石油		☐ soda	名 ソーダ	
☐ barrel	名 バレル（石油などの液量の単位）		☐ can	名 缶	
☐ fuel	動 乗り物に燃料を入れる		☐ add in ~	熟 ~を加える	
☐ instead	副 代わりに		☐ substantial	形 かなりの，相当な	
☐ recycle	動 再生利用する		☐ transport	動 輸送する	
☐ in part	熟 一部分は，1つには		☐ extremely	副 極度に，非常に	
☐ include	動 含む		☐ heavy	形 重い	
☐ local	形 地元の		☐ impact	名 衝撃，影響（力）	
☐ repayment	名 返済，払い戻し		☐ anything but ~	熟 決して~ではない	
			☐ refreshing	形 気分をさわやかにするような	

文構造と構文のポイント

4 Tap water may (now) be [the equal] 〈 of bottled water 〉, but **⑮** that
　S　　　　V　　　　C　　　　　　　　　　　　　　　　　　　　　　　　S
could change. **⑯** 〈 The more **⑰** the wealthy opt out (of drinking tap water)〉,
　　V　　　　　　　　　　　　　　　S'　　　　　V'
⑱ [the less political support] there will be 〈 for investing in maintaining
　　　　　　　　S　　　　　　　　　　　　　V
America's public water supply 〉. **⑲** That would be a serious loss. Access
　　　　　　　　　　　　　　　　　　　　　S　　　V　　　C　　　　　　S
〈 to **⑳** cheap, clean water 〉 is basic 〈 to the nation's health 〉.
　　　　　　　　　　　　　　　　V　　C

　現在，水道水はボトル入りの飲料水と等しいもの（同水準）であるかもしれないが，そのことも変化するかもしれない。裕福な人々が水道水を飲まなくなればなるほど，アメリカの公的な水道水供給の維持に対する投資への政治的な支援も減少していくであろう。そうなれば深刻な損失が生じるだろう。安価で清潔な水の入手は，国民の健康の基礎である。

> **構文のポイント**
>
> ⑮ that は前文の内容（の一部）を指すことができる。ここでは，前文の内容「現在，水道水はボトル入りの水と等しいもの（同水準）であるかもしれないということ」を指している。
>
> ⑯ 〈the 比較級1 ....., the 比較級2 .....〉は（比較級1 すればするほど，ますます 比較級2）という意味。
>
> ⑰ 〈the ＋形容詞〉（…な人々）となるため，ここでは the wealthy（裕福な人々）となる。
>
> ⑱ there will be [the less political support] 〈for.....〉が元の形。⑯の構文により，**語順が変わっている**点に注意。
>
> ⑲ この that は，**前文の内容**「（裕福な人々が水道水を飲まなくなればなるほど，）アメリカの公的な水道水供給の維持に対する投資への政治的な支援も減少していくであろうということ」を指している。
>
> ⑳ 〈形容詞1, 形容詞2 ＋ 名詞〉（形容詞1 であり，形容詞2 である 名詞）のように，**同じ名詞を修飾する形容詞を並べる場合は**カンマ**を使うことがある。**

5 The real change will come (when millions of ordinary consumers realize
   S   V   S'   V'
[that they can save money, ㉑ and save the planet, (if they stop [using
  O' S'' V''   O''   V''   O''   S''' V''' O'''
bottled water] ㉒ and start [using tap water])]).
                    V''' O'''

ボトル入りの飲料水を使うのをやめて水道水を使用し始めれば，お金が節約でき地球を救うことちできる，ということを何百万もの一般消費者が理解したとき，本当の変化が生じるだろう。

> **構文のポイント**
>
> ㉑ ここでの〈A and B〉は，A ＝ can save money，B ＝（can）save the planet を並べている。1つ目の save は「節約する」，2つ目の save は「救う」の意味である点に注意。また，the planet（地球）は，長文でよく使われる表現なので覚えておくこと。
>
> ㉒ ここでの〈A and B〉は，A ＝ stop using bottled water，B ＝ start using tap water を並べている。

語句注

☐ equal	名 同等のもの	☐ serious	形 深刻な
☐ the 比較級1 ......, the 比較級2	構 比較級1 すればするほど，ますます 比較級2	☐ loss	名 失うこと，損失
		☐ access	名 利用する権利，近づく方法
☐ the ＋ 形容詞	熟 …な人々	☐ cheap	形 安い
☐ wealthy	形 裕福な	☐ nation	名 国，(the nation で) 国民
☐ opt out of ~	熟 ~から手を引く	☐ real	形 本当の
☐ political	形 政治的な，政治上の	☐ ordinary	形 普通の
☐ support	名 サポート，支援	☐ realize	動 理解する
☐ invest in Ving	熟 V することに投資する	☐ save	動 節約する，救う
☐ maintain	動 維持する		

パラグラフ・リーディング

次のマクロチャートを使って、パラグラフの要旨とパラグラフ間のつながりを確認しましょう。

マクロチャート

第1パラグラフ	導入	アメリカは世界最高水準の水道水を有している しかし、ペットボトル飲料水の消費が多い
	問題提起	この事実が地球環境に与える影響とは？

↓

第2パラグラフ	展開①	費用：ペットボトル飲料水＞水道水
第3パラグラフ	展開②	ペットボトル飲料水の問題点： 1. ペットボトル製造には大量の原油が必要 2. リサイクル率が低い 3. 輸送に大量の燃料が必要 ― 環境に悪影響
第4パラグラフ	展開③	現在：水道水の品質＝ペットボトル飲料水の品質 今後：水道水の利用減少→公共水道水への投資減少 ⇒ 水道水の品質が低下する可能性あり

↓

第5パラグラフ	結論	ペットボトル飲料水から水道水使用への移行 ↓ 費用の節約と地球を救うことに貢献 ↑ 消費者が気づいたときに変化

サマリー

➡解答は p.79

　(1) ～ (5) の空所に入る適切な語をそれぞれ下の①～⑤から選び，問題英文の要約を完成させなさい。　　　　（配点：5問×3点＝15点）

米国は世界最高水準の (1)（　　　　）を有しているにもかかわらず，ペットボトル飲料水の消費が多い。これによって消費者が水にかける (2)（　　　　）がかさみ，ペットボトルの原料である (3)（　　　　）の大量消費につながり，地球環境に (4)（　　　　）を及ぼすことになる。ペットボトル飲料水ではなく水道水を使用すれば，費用の節約と (5)（　　　　）への貢献になる。

①悪影響　②環境保護　③費用　④石油　⑤水道水

(1)	
(2)	
(3)	
(4)	
(5)	

得点　　／15点

音読トレーニング

意味がすらすらわかるまで，繰り返し練習しましょう。

1 On the streets / of New York or Denver or San Diego / this summer, / it seems / the small cap of a water bottle / is sticking out of every other shoulder bag. / Americans are increasingly thirsty / for what is advertised / as the healthiest, / and often most expensive, / water on the grocery shelf. / But this country has some of the best public water supplies / in the world. / Instead of consuming / four billion gallons of water a year / in individual-sized bottles, / we need to start thinking / about what all those bottles are doing / to the planet's health. /

2 Here are the hard, dry facts: / yes, / drinking water is a good thing, / far better than buying soft drinks, / or liquid candy, / as experts like to call it. / And almost all public drinking water in America / is so good / that nobody needs to import a single bottle / from Italy or France. / Meanwhile, / if you choose / to get your recommended eight glasses a day / from bottled water, / you could spend up to $1,400 / annually. / The same amount of tap water / would cost about 49 cents. /

1 今年の夏，ニューヨークやデンバーやサンディエゴの通りでは，水の（ペット）ボトルの小さなキャップがどのショルダーバッグからもはみ出しているようである。アメリカ人は，食料品店の棚にある，最も健康的だと宣伝され大抵は最も高価な水を，ますます渇望している。しかしこの国は，世界最高水準の公共水道設備のいくつかを有している。個人サイズのボトルで1年間に40億ガロンの水を消費する代わりに，それらすべてのボトルが地球の環境にどのような影響を及ぼしているかを，我々は考え始める必要がある。

2 ここに動かせない明らかな事実がある。確かに水を飲むことはよいことであり，ソフトドリンク，すなわち専門家が好んでそれを呼ぶように「液体のキャンディ」（清涼飲料水）を購入するよりもはるかによい。そして，アメリカのほぼすべての公共飲料水は高品質なので，イタリアやフランスからボトル入りの飲料水を1本でも輸入する必要のある人は誰もいない。一方，望ましいとされる1日当たりグラス8杯の水をボトル入りの飲料水から摂取することを選んだ場合，年間に最大1,400ドルを費やすことになりかねない。同量の水道水なら約49セントである。

p.77 サマリー　解答　(1) ⑤　(2) ③　(3) ④　(4) ①　(5) ②

音読トレーニング

3 Next, / there's the environment. / Water bottles, / like other containers, / are made from natural gas and petroleum. / It is said to take about 1.5 million barrels of oil / to make the water bottles / Americans use each year. / That could fuel 100,000 cars a year / instead. / And, / only about 23 percent of those bottles are recycled, / in part / because water bottles are often not included / in local repayment plans / that accept beer and soda cans. / Add in the substantial amount of fuel / used in transporting water, / which is extremely heavy, / and the impact on the environment / is anything but refreshing. /

4 Tap water may now be the equal of bottled water, / but that could change. / The more the wealthy opt out / of drinking tap water, / the less political support there will be / for investing in maintaining America's public water supply. / That would be a serious loss. / Access to cheap, clean water / is basic to the nation's health. /

5 The real change will come / when millions of ordinary consumers realize / that they can save money, / and save the planet, / if they stop using bottled water / and start using tap water. /

3 次に，環境（の問題）がある。他の容器と同じく水のボトルは，天然ガスと石油から作られる。アメリカ人が毎年使用する水のボトルを作るためには，約150万バレルの原油を必要とすると言われている。それは，代わりに10万台の車に1年分の燃料を入れることのできる量である。またそれらのボトルは約23%しか再生利用されていないが，それは1つには，水のボトルがビール缶やソーダ（清涼飲料水）の缶を受け入れる地元の払い戻し制度に含まれていないことが多いからである。非常に重い（ボトル入りの）水を輸送するために使われる相当な量の燃料を加えると，環境に与える影響は決してすがすがしいものではない。

4 現在，水道水はボトル入りの飲料水と等しいもの（同水準）であるかもしれないが，そのことも変化するかもしれない。裕福な人々が水道水を飲まなくなればなるほど，アメリカの公的な水道水供給の維持に対する投資への政治的な支援も減少していくであろう。そうなれば深刻な損失が生じるだろう。安価で清潔な水の入手は，国民の健康の基礎である。

5 ボトル入りの飲料水を使うのをやめて水道水を使用し始めれば，お金が節約でき地球を救うこともできる，ということを何百万もの一般消費者が理解したとき，本当の変化が生じるだろう。

● 音読達成シート

❶ 月 日	❷ 月 日	❸ 月 日	❹ 月 日	❺ 月 日
❻ 月 日	❼ 月 日	❽ 月 日	❾ 月 日	❿ 月 日

Day 5

次の英文を読み，あとの設問に答えなさい。

People who have unusual difficulty with reading, writing, listening or working with numbers might have a learning disability*. Dysgraphia* is the name of a writing disorder*.

Writing is not an easy skill. Not only does it require the ability to organize ideas in the mind, and then express them. It also requires the ability to get the muscles in the hands and fingers to form those ideas, letter by letter, on paper.

Experts say teachers and parents should suspect dysgraphia if a child's handwriting is unusually difficult to read. Letters might be sized or spaced incorrectly. Capital letters might be in the wrong places. The child's hand, body or paper might be in a strange position. These can all be signs of dysgraphia. Spelling problems can also be related to the disorder.

Many people have poor handwriting, but dysgraphia is more serious. Dysgraphia is a neurological* disorder that generally appears when children are first learning to write. Writing by hand can be physically painful for people who have (1)it. There are different kinds of dysgraphia. It can appear with other learning disabilities, especially (2)those involving language.

Experts are not sure what causes dysgraphia. But they say early treatment can help prevent or reduce many problems. For example, special exercises can increase strength in the hands and improve muscle memory. This trains muscles to remember the shapes of

ワード数	速読目標時間 (wpm:100w/m)	□1回目 (月 日)	□2回目 (月 日)	□3回目 (月 日)
339	3'23"	□'□"	□'□"	□'□"

letters.

Children can try a writing aid like a thick pencil to see if that helps. Schools can also provide simple ways of helping, such (A) more time to complete writing activities or assistance from (3)a note taker. Teachers could have students with dysgraphia take tests by speaking the answers into a recorder, or typing their work instead of writing it.

Children with dysgraphia might be able to avoid problems with their handwriting by using a computer. Yet experts say they could still gain from special instruction to help them organize their thoughts and put them into writing. Such skills become more important (B) children get older and schoolwork becomes more difficult.

Voice of America (February 25, 2004)

＊［注］disability: 障害　　dysgraphia: 書字障害　　disorder: 障害　neurological: 神経系の

設 問

1 物を書くために必要な２つの能力を，日本語で説明しなさい。
（配点：２問×６点＝ 12 点）

2 下線部 (1) の it が指すものを文中の英語で答えなさい。　（配点：３点）

3 下線部 (2) を those の内容を明らかにして日本語に直しなさい。（配点：４点）

4 下線部 (3) の意味として正しいものを，下から１つ選びなさい。（配点：４点）
① 障害を持つ生徒にノートを持って行ってやる人。
② 障害を持つ生徒に自分のノートを貸してやる人。
③ 障害を持つ生徒に文字の書き方を指導する人。
④ 障害を持つ生徒の代わりに文字を書いてやる人。

5 本文中の空所（ Ａ ）と（ Ｂ ）に共通して入る最も適切な語を答えなさい。
（配点：３点）

6 本文の内容に一致するものを，下から３つ選びなさい。
（配点：３問×８点＝ 24 点）

① Dysgraphia is a neurological disorder related to unusual difficulty with reading, writing, listening or working with numbers.

② According to experts, unusually poor handwriting can be a sign of dysgraphia.

③ A child suffering from dysgraphia might use capital letters where small letters should be used.

④ Experts who are sure about the causes of dysgraphia say that early treatment is essential for getting rid of it.

⑤ Physical exercise can help children whose finger muscles are too weak to grip thick pencils.

⑥ Experts say that using a computer helps children with dysgraphia organize their thoughts and put them into writing.

⑦ Children don't have to be good at handwriting if they can type letters on the computer keyboard.

⑧ Computers help children with dysgraphia avoid part of their problems, which doesn't mean that they don't have to learn to write.

解答欄

1	1	
	2	
2		
3		
4	① ② ③ ④	
5		
6	① ② ③ ④ ⑤ ⑥ ⑦ ⑧	

1回目	2回目	3回目
／50点	／50点	／50点

解答と解説

解答一覧		
1	1	頭の中で考えを整理して、それを表現する能力
	2	手と指の筋肉を使って、考えを一字一字紙の上で形にする能力
2		dysgraphia [Disgraphia]
3		言語に関する学習障害
4	① ② ③ **❹**	
5	as	
6	① **❷** **❸** ④ ⑤ ⑥ ⑦ **❽**	

1 まず、「物を書くために必要な<u>能力</u>」が説明されている箇所を探す必要がある。**第2パラグラフの最初**に Writing is not an easy skill.（物を書くことは簡単な技術ではない）とあり、次の2つの文中に <u>ability（能力）</u>という語が出てくるので、それらの内容をまとめればよい。問われているのは2つの能力なので、Not only ...... It also ..... が〈not only A but also B〉（A だけでなく B も）という**相関接続詞**の変形であることもヒントになる。

2 この it は文末にあるので、**前に述べられているもの（単数の名詞）を指す**と考えられる。形の上からは writing by hand なども考えられるが、「それを持っている人々にとって肉体的に苦痛だ（physically painful）」という文脈から、it は前文中の主語の dysgraphia（書字障害）を指すと判断できる。

3 「those＝それらの〜」と誤解しないこと。those involving language は those that involve language の意味で，「言語に伴う［関する］それら」ということ。those はカンマの前の learning disabilities（学習障害）を指し，下線部は learning disabilities that involve language（言語に関する学習障害）という意味になる。次の例の those と同様。

- The ears of a rabbit are longer than those [=the ears] of a cat.
（ウサギの耳はネコの耳よりも長い）

4 note taker の直訳は「メモ［記録］を取る人」。take a note で「メモを取る」の意味になる。日本語の「ノート」に当たる語は notebook なので，混同しないこと。文章のテーマが書字障害（dysgraphia）なので，ここでは「**書字障害を持つ生徒のためにメモを取る人**」という意味だと推測できる。したがって正解は❹。

5 空所 A は，直前の such をヒントにして空所に as を入れれば，〈such as 〜〉（例えば〜のような）の形が作れる。空所 B は前後が〈S + V〉の形なので，接続詞が入る。前後に比較級が使われているので，as（S が V するにつれて）を入れれば意味が通る文になる。

6 本問の内容との一致・不一致の根拠は次の通り。
① 第 1 パラグラフの第 2 文に Dysgraphia is the name of a writing disorder.「書字障害は字を書くことに関する障害の名前である」とあるように，dysgraphia（書字障害）は「書くこと」に限定された障害。したがって，字を書くこと以外の学習障害（learning disability）も含めて書字障害としているこの選択肢は誤り。
② 第 3 パラグラフの第 1 文に「子どもの筆跡が異常に読みにくい場合には，書字障害を疑うべきだ，と専門家は言う」とあるので正しい。
③ 第 3 パラグラフの第 3 文に（書字障害の症状の 1 つとして）「**大文字が間違った位置にあることもある**」とあるので正しい。
④ 第 5 パラグラフの第 1・2 文に関連しているが，第 1 文に「専門家は書字障害の原因が何なのか確信できてはいない」とあるので誤り。

⑤ 第5パラグラフの第3文に「特別な訓練をすることで手の力を強めることができる」とある。だからそうした訓練は，書字障害の子どもが鉛筆を握れるようになることには役立つ。しかし，その子が鉛筆を握れないのは神経系統の不具合が原因であり，筋力が弱いからではない。また，「太い鉛筆」は第6パラグラフで補助器具の例として挙げられており，書字障害の子どもが太い鉛筆を握れるようになる必要はない。したがってこの選択肢は正しくない。

⑥ 第7（最終）パラグラフの第1文とその前の文から，コンピュータが書字障害を持つ子どもにとって役立つのは，**文字を手で書く代わりにキーボードで入力できるから**だと考えられる。一方，第7パラグラフの第2文には，**考えを整理して文字で書くためには（コンピュータ以外の）特別の指導も必要だ**，という主旨のことが述べられている。したがって誤り。

⑦ Children don't have to be good at handwriting（子どもは字が上手である必要はない）とは本文のどこにも書かれていない。したがって誤り。

⑧ 第7パラグラフの内容に一致するので正しい。「コンピュータは書字障害の子どものための補助的手段としては有効だが，それでもやはり，考えを整理して文字を書く指導は必要だ」というのが，本文の主旨である。

> **選択肢の和訳**
> × ① 書字障害は，読んだり，書いたり，聞いたり，数字を扱ったりすることに関する並外れた苦労に関係する神経系の障害である。
> ○ ② 専門家によれば，並外れて下手な筆跡は書字障害の徴候でありうる。
> ○ ③ 書字障害にかかっている子どもは，小文字を使うべきところで大文字を使うこともある。
> × ④ 書字障害の原因に確信を持つ専門家たちは，早期治療が書字障害を取り除くのに不可欠であると言う。
> × ⑤ 肉体の運動は，指の筋肉が弱すぎて太い鉛筆を握れない子どもに役立ちうる。
> × ⑥ コンピュータを使うことは，書字障害を持つ子どもが考えを整理して文字で書くのに役立つ，と専門家は言う。
> × ⑦ コンピュータのキーボードに文字を打つことができれば，子どもは字が上手である必要はない。
> ○ ⑧ コンピュータは書字障害を持つ子どもが自分の問題の一部を避けるのに役立つが，そのことは彼らが書くことを学ぶ必要はないという意味ではない。

文構造と構文のポイント

1 [People] ⟨ who have [unusual difficulty] ⟨ with reading, writing, listening
　　　S　　　　　V'　　　O'
❶ or working with numbers ⟩⟩ might have a learning disability. Dysgraphia is
　　　　　　　　　　　　　　　　V　　　　　O　　　　　　　　　　S　　V
[the name] ⟨ of a writing disorder ⟩.
　　C

　読んだり，書いたり，聞いたり，数字を扱ったりすることに並外れて苦労する人々には，学習障害があるかもしれない。書字障害は字を書くことに関する障害の名前である。

構文のポイント

❶ or は3つ以上が並列される場合は ⟨A, B, C or D⟩ のようにカンマを使う。よって，ここでは動名詞 A = reading，B = writing，C = listening，D = working with numbers を並べている。

語句注

□ unusual	形 通常ではない	□ number	名 数
□ difficulty	名 困難		

文構造と構文のポイント

2 Writing is not an easy skill. ❷ 《 Not only 》 does ❸ it require the ability 〈 to organize ideas 《 in the mind 》, ❹ and then express ❺ them 〉. ❸ It 《 also 》 requires the ability 〈 to ❻ get the muscles 〈 in the hands and fingers 〉 to form ❼ those ideas, 《 letter by letter 》, 《 on paper 》〉.

　物を書くことは簡単な技術ではない。それには、頭の中で考えを整理して、それからそれらを表現する能力が必要なだけではないのだ。さらに、手と指の筋肉を使って、それらの考えを一字一字紙の上で形にする能力も必要なのだ。

構文のポイント

❷ 強調のために否定語が文頭に置かれると、続く語順は倒置され、疑問文の語順になる。
❸ これらの it は writing を指す代名詞。実際に代入すると、それぞれ「物を書くには……する能力が必要なだけではない」「物を書くには……する能力も必要なのだ」となり、文脈に合うことがわかる。
❹ 〈A and then B〉(A, それから B) の A と B は同じ要素が基本。よって、A ＝ organize ideas in the mind、B ＝ express them を並べている。
❺ them は前出の複数名詞を指す。よって、them は ideas を指す代名詞。
❻ 使役表現〈get O to V原〉(〜に V させる [してもらう]) に注意。
❼ those ideas とは、前出の ideas のこと。

語句注

□ skill	名 技術	□ get O to V原	熟 (Sは) O に V させる
□ not only A (but also B)	熟 A だけではなく (B も)	□ muscle	名 筋肉
□ require	動 要求する、必要とする	□ form	動 形作る
□ ability	名 能力	□ letter by letter	熟 1文字ずつ

3 Experts say [teachers and parents should suspect dysgraphia ❽(if a child's handwriting is (unusually) difficult (to read))]. Letters might be sized ❾ or spaced (incorrectly). Capital letters might be (in the wrong places). The child's hand, body ❿ or paper might be (in a strange position). ⓫ These can (all) be signs ⟨ of dysgraphia ⟩. Spelling problems can (also) be related (to the disorder).

　子どもの筆跡が異常に読みにくい場合には，教師や親は書字障害を疑うべきだ，と専門家は言う。字の大きさや間隔が正しくないこともある。また，大文字が間違った位置にあることもある。子どもの手や，体や，紙の位置がおかしいこともある。これらはすべて書字障害の兆候である可能性がある。綴り字の問題も，この障害に関係している可能性がある。

構文のポイント

❽ 〈if S V〉（SがVすれば［する場合には］）の if は条件を表す接続詞。主節部分は，その条件を満たした場合の結果を表す。ここでは以下のようになっている。
　《条件》子どもの筆跡が異常に読みにくければ
　《結果》教師や親は書字障害があることを疑うべき

❾ 〈A or B〉のAとBは同じ要素が基本。よって，A＝ might be sized，B＝（might be）spaced を並べている。

❿ ここでの or は，A＝ The child's hand，B＝（the child's）body，C＝（the child's）paper を並べている。

⓫ these には前出の複数の内容を指す働きがある。ここでは Letters might be ……，Capital letters might be ……，The child's hand …… might be …… などの，前出の徴候すべてを指している。

語句注

□ expert	名 専門家	□ incorrectly	副 不正確に
□ suspect	動 疑わしく思う	□ capital	形 大文字の
□ handwriting	名 手で書くこと，筆跡	□ sign	名 兆し，象徴
□ size	動（ある大きさに）形成する	□ be related to ~	熟 ～と関係がある
□ space	動 間隔をあける		

文構造と構文のポイント

4　Many people have poor handwriting, but dysgraphia is more serious. Dysgraphia is a neurological disorder 〈 that (generally) appears 〈 when children are (first) learning [to write] 〉〉. Writing 〈 by hand 〉 can be (physically) painful 〈 for people 〈 who have ⑫ it 〉 〉. There are different kinds of dysgraphia. ⑫ It can appear 〈 with other learning disabilities, ⑬ especially ⑭ those 〈 involving language 〉 〉.

　字が下手な人は大勢いるが，書字障害はもっと深刻である。書字障害は一般に子どもが初めて筆記を学んでいる際に現れる神経系の障害である。この障害を持つ人々にとって，手で文字を書くことは肉体的苦痛となることがある。書字障害にはさまざまな種類がある。それは他の学習障害，特に言語に関する障害を伴って現れることがある。

構文のポイント

⑫ これらの it は dysgraphia を指す代名詞。実際に代入すると，それぞれ「書字障害を持つ人々にとって……」「書字障害は……と共に現れることがある」となり，文脈に合うことがわかる。

⑬ other learning disabilities に，especially those involving language という補足的な情報を追加した形。I like sports, especially baseball.「私はスポーツ，特に野球が好きだ」などと同様。

⑭ those には前出の複数名詞を指す働きがある。よって，ここでは learning disabilities involving language（言語に関する学習障害）の意味になる。

語句注

☐ poor	形 得意でない，下手な		☐ painful	形 手間のかかる，痛みを伴う
☐ serious	形 深刻な		☐ different kinds of ~	形 異なる［さまざまな］種類の~
☐ generally	副 一般的に			
☐ appear	動 現れる		☐ especially	副 特に
☐ physically	副 身体的に，肉体的に		☐ involve	動 含む，伴う

5 Experts ⑮ are not sure [⑯ what causes dysgraphia]. But ⑰ they say [early treatment can ⑱ help [prevent ⑲ or reduce many problems]]. (For example), special exercises can increase strength ⟨ in the hands ⟩ and improve muscle memory. ⑳ This trains muscles (to remember the shapes ⟨ of letters ⟩).

　専門家は，書字障害の原因が何なのか確信できてはいない。しかし，早期の治療が多くの問題を予防し，あるいは低減するのに役立ちうると言う。例えば，特別な訓練をすることで手の力を強め，筋肉の記憶を向上させることができる。これが，筋肉が文字の形を覚える訓練となるのである。

構文のポイント

⑮ 〈be sure what V〉（何が V するのか確信している）の表現に注意。sure の後ろの of[about] が省略された形と考えればよい。
⑯ 〈A cause B〉（A は B を引き起こす）には，A ＝ 原因・理由 ，B ＝ 結果 の関係がある。よって，「結果として書字障害を引き起こす，原因・理由は何なのか」の意味になる。
⑰ they は前出の複数名詞を指す。よって，ここでの they は experts を指している。
⑱ 〈help (to) V原〉（V するのを助ける）は to が省略されることが多いので誤読に注意。
⑲ ここでの or は，〈help (to) V原〉の V原である A ＝ prevent (many problems)，B ＝ reduce many problems を並べている。
⑳ this には前文の内容（の一部）を指す働きがある。ここでは，前文全体 を指している。

語句注

☐ sure	形 確信して		☐ exercise	名 練習，訓練
☐ cause	動 引き起こす		☐ increase	動 増加させる
☐ treatment	名 治療		☐ strength	名 強さ，力
☐ help V原	熟 (S は) V するのに役立つ		☐ improve	動 改善する
☐ prevent	動 妨げる		☐ memory	名 記憶
☐ reduce	動 軽減する		☐ train	動 鍛える
☐ problem	名 問題		☐ shape	名 形，形状
☐ for example	熟 例えば			

文構造と構文のポイント

6 Children can try a writing aid ⟨like a thick pencil⟩ (to see [if ㉑that
　　　S　　V　　　O
helps]). Schools can (also) provide ㉒simple ways ⟨of helping⟩, ⟨such
　V'　　　　S　　　V　　　　　　O
as more time ⟨to complete writing activities⟩⟩ ㉓or assistance ⟨from a
note taker⟩⟩. Teachers could ㉔have students ⟨with dysgraphia⟩ take
　　　　　　　　S　　　　V　　　O　　　　　　　　　　　　　C
tests (by [speaking the answers (into a recorder)], ㉕or [typing ㉖their
work (instead of writing ㉗it)]).

　子どもたちは，太い鉛筆のような筆記補助具が役立つかどうか試してみることもできる。学校では，書く作業を完了するための追加の時間を与えたり，記録係に補助させるなどの，簡単な援助方法を提供することもできる。教師は書字障害のある生徒に，録音機に向かって答えを話したり，課題を（手で）書くかわりにタイプ［キーボード］で打つテストを受けさせることもできるだろう。

構文のポイント

㉑ that には前出の単数名詞を指す働きがある。よって，ここでは if a writing aid like a thick pencil helps「太い鉛筆のような筆記補助道具が役立つかどうか」の意味になる。
㉒ ⟨A such as B⟩（BのようなA），⟨such A as B⟩（A例えばB）は，Aに対して具体例Bで説明を加える形。ここでは，simple ways of helping の内容を，such as 以下で説明を加えている。
㉓ ここでの or は A = more time ……，B = assistance …… を並べている。
㉔ 使役動詞 ⟨have O V原⟩（O に V させる［してもらう］）に注意。
㉕ ここでの or は，動名詞 A = speaking ……，B = typing …… を並べている。
㉖ their は前出の複数名詞を指す代名詞。ここでは students with dysgraphia を指している。
㉗ it は前出の単数名詞を指す代名詞。ここでは their work を指している。

語句注

☐ aid	名 手助け	☐ activity	名 活動
☐ like ~	前 ～のような	☐ assistance	名 援助，手伝い
☐ thick	形 太い	☐ note taker	名 記録をとる人
☐ provide	動 提供する	☐ have O V原	熟 (Sは) ～にVさせる
☐ such as ~	熟 ～のような	☐ instead of ~	熟 ～の代わりに
☐ complete	動 完了する		

7 Children ⟨ with dysgraphia ⟩ might be able to avoid problems ⟨ with
　　　S　　　　　　　　　　　　　　　V　　　　　　　O
㉘ their handwriting ⟩ (by using a computer). ㉙ Yet experts say 【㉘ they
　　　　　　　　　　　　　　　　　　　　　　　　　　　S　　　V　　O　S'
could (still) gain (from special instruction ⟨ to ㉚ help ㉘ them organize
　　　　　　V'
㉘ their thoughts ㉛ and put them into writing ⟩)】. Such skills become more
　　　　　　　　　　　　　　　　　　　　　　　　　　S　　　　V　　　C
important ㉜ (as children get older ㉝ and schoolwork becomes more
　　　　　　　　　　S'　　V'　　C'　　　　　　　S'　　　　V'　　C'
difficult).

　書字障害のある子どもたちは，コンピュータの使用によって書字の問題を避けることができるかもしれない。しかし，考えを整理して文字で書くことを支援するような，特別な指導がやはり有益であろうと専門家は言う。子どもの年齢が上がり，学業がより難化するにつれて，そのような技能がより重要になるのである。

構文のポイント

㉘ ここでの their, they, them はすべて children with dysgraphia を指している。迷ったときは実際に代入して考えてみるとよい。
㉙ ⟨yet S V⟩（しかし，S は V する）は but と同意表現。
㉚ ⟨help O (to) V原⟩（～が V するのを助ける）は to が省略されることが多いので誤読に注意。
㉛ ここでの and は，A = organize their thoughts, B = put them into writing を並べている。
㉜ ⟨as S V⟩は比較級と共に用いた場合は，「S が V するにつれて」の意味になる。
㉝ ここでの and は，A = children get older, B = schoolwork becomes more difficult のように，文と文を並べている。

語句注

□ might V原	熟 V するかもしれない	□ organize	動 整理する，組織化する
□ avoid	動 避ける	□ thought	名 考え
□ gain	動 利益を得る，進歩する	□ put O into writing	熟 O を文字にする
□ instruction	名 教授，指図	□ as S V	構 S が V するにつれて
□ help O V原	熟 (S は) O が V するのを助ける	□ schoolwork	名 学業
		□ difficult	形 困難な

パラグラフ・リーディング

次のマクロチャートを使って，パラグラフの要旨とパラグラフ間のつながりを確認しましょう。

マクロチャート

第1パラグラフ	導入	書字障害＝文字を書くことに関する障害
第2パラグラフ	説明①	字を書くときに必要となる能力 ↓ 1. 思考整理＋2. 筋肉を使って紙上に表現
第3パラグラフ	説明②	書字障害の兆候： 1. 子どもの筆跡が判読困難 　（字のサイズ・間隔・位置の異常）
第4パラグラフ	説明③	2. 手で文字を書くことが肉体的に苦痛

↓

第5パラグラフ	展開①	書字障害の原因は不明 だが，早期治療によって症状の予防・低減可能 **具体例1** 手の筋肉の訓練
第6パラグラフ	展開②	**具体例2** 筆記補助用具 追加時間の確保 ノートの代筆者 録音機・タイピング
第7パラグラフ	展開③	**具体例3** コンピュータ しかし，年齢が上がり学業が難化するにつれて 思考整理とその表現を支援する特別な指導が有益・重要

サマリー

➡解答は p.99

(1) ～ (5) の空所に入る適切な語をそれぞれ下の①～⑤から選び，問題英文の要約を完成させなさい。　　（配点：5問×3点＝15点）

書字障害とは文字を書くことが極めて困難な障害のことであり，原因は不明である。文字を書く際には思考を (1)（　　　　）し，それを紙の上に表現する (2)（　　　　）が伴うので，手の筋肉の (3)（　　　　），(4)（　　　　）の活用，周りの人々のサポート，電子機器の提供が有益である。しかし，学業の (5)（　　　　）に対応するためには思考を整理して書き出すことを促す特別な指導が重要となる。

①早期訓練　②整理　③難化　④筆記補助用具　⑤能力

(1)	
(2)	
(3)	
(4)	
(5)	

得点
／15点

音読トレーニング

意味がすらすらわかるまで，繰り返し練習しましょう。

1　People who have unusual difficulty / with reading, writing, listening / or working with numbers / might have a learning disability. / Dysgraphia is the name / of a writing disorder. /

2　Writing is not an easy skill. / Not only does it require the ability / to organize ideas in the mind, / and then express them. / It also requires the ability / to get the muscles in the hands and fingers / to form those ideas, / letter by letter, / on paper. /

3　Experts say / teachers and parents should suspect dysgraphia / if a child's handwriting is unusually difficult to read. / Letters might be sized / or spaced incorrectly. / Capital letters might be / in the wrong places. / The child's hand, body or paper / might be in a strange position. / These can all be signs / of dysgraphia. / Spelling problems / can also be related / to the disorder. /

4　Many people have poor handwriting, / but dysgraphia is more serious. / Dysgraphia is a neurological disorder / that generally appears / when children are first learning to write. / Writing by hand / can be physically painful / for people who have it. / There are different kinds of dysgraphia. / It can appear / with other learning disabilities, / especially those involving language. /

1 読んだり，書いたり，聞いたり，数字を扱ったりすることに並外れて苦労する人々には，学習障害があるかもしれない。書字障害は字を書くことに関する障害の名前である。

2 物を書くことは簡単な技術ではない。それには，頭の中で考えを整理して，それからそれらを表現する能力が必要なだけではないのだ。さらに，手と指の筋肉を使って，それらの考えを一字一字紙の上で形にする能力も必要なのだ。

3 子どもの筆跡が異常に読みにくい場合には，教師や親は書字障害を疑うべきだ，と専門家は言う。字の大きさや間隔が正しくないこともある。また，大文字が間違った位置にあることもある。子どもの手や，体や，紙の位置がおかしいこともある。これらはすべて書字障害の兆候である可能性がある。綴り字の問題も，この障害に関係している可能性がある。

4 字が下手な人は大勢いるが，書字障害はもっと深刻である。書字障害は一般に子どもが初めて筆記を学んでいる際に現れる神経系の障害である。この障害を持つ人々にとって，手で文字を書くことは肉体的苦痛となることがある。書字障害にはさまざまな種類がある。それは他の学習障害，特に言語に関する障害を伴って現れることがある。

p.97 サマリー　解答　(1) ②　(2) ⑤　(3) ①　(4) ④　(5) ③

音読トレーニング

5 Experts are not sure / what causes dysgraphia. / But / they say / early treatment can help / prevent or reduce many problems. / For example, / special exercises can increase / strength in the hands / and improve muscle memory. / This trains muscles / to remember the shapes of letters. /

6 Children can try a writing aid / like a thick pencil / to see if that helps. / Schools can also provide / simple ways of helping, / such as more time to complete writing activities / or assistance from a note taker. / Teachers could have students with dysgraphia / take tests / by speaking the answers / into a recorder, / or typing their work / instead of writing it. /

7 Children with dysgraphia / might be able to avoid problems / with their handwriting / by using a computer. / Yet / experts say / they could still gain / from special instruction / to help them organize their thoughts / and put them into writing. / Such skills become more important / as children get older / and schoolwork becomes more difficult. /

5 　専門家は，書字障害の原因が何なのか確信できてはいない。しかし，早期の治療が多くの問題を予防し，あるいは低減するのに役立ちうると言う。例えば，特別な訓練をすることで手の力を強め，筋肉の記憶を向上させることができる。これが，筋肉が文字の形を覚える訓練となるのである。

6 　子どもたちは，太い鉛筆のような筆記補助具が役立つかどうか試してみることもできる。学校では，書く作業を完了するための追加の時間を与えたり，記録係に補助させるなどの，簡単な援助方法を提供することもできる。教師は書字障害のある生徒に，録音機に向かって答えを話したり，課題を（手で）書くかわりにタイプ［キーボード］で打つテストを受けさせることもできるだろう。

7 　書字障害のある子どもたちは，コンピュータの使用によって書字の問題を避けることができるかもしれない。しかし，考えを整理して文字で書くことを支援するような，特別な指導がやはり有益であろうと専門家は言う。子どもの年齢が上がり，学業がより難化するにつれて，そのような技能がより重要になるのである。

●音読達成シート

❶	月	日	❷	月	日	❸	月	日	❹	月	日	❺	月	日
❻	月	日	❼	月	日	❽	月	日	❾	月	日	❿	月	日

Day 6

制限時間 **25** 分

次の英文を読み，あとの設問に答えなさい。なお，この文章は2007年8月の新聞記事をもとにしています。

　Globalization has made cross-border business deals more common than ever. But, every day, deals are put at risk or **(1)**[lose] when foreign associates are offended by business people who are unaware of other countries' customs, culture or manners. They commit a slip or error in etiquette, manners or conduct （　A　） traveling, meeting a foreigner or communicating on the phone or Internet.

　An American company in Seattle lost a big business deal in the 1990s because it did not understand a Japanese company's business culture. During negotiations, the U.S. company invited the Japanese company to Seattle, but for months, the Japanese company had trouble **(2)**[obtain] visas. The impatient U.S. company sent high-level executives to Japan to close the deal. It backfired*（　B　） the Japanese executives were eager to visit the USA and were turned off by the Americans' lack of patience in building a bond between the companies.

　Cultural clashes are not limited to individuals or groups of people discussing or negotiating a business deal. An entire company can suffer from cultural differences. The $36 billion acquisition* of the USA's Chrysler by Germany's Daimler-Benz in 1998 was marked by the most significant cultural clash in the business world in recent memory. The aim of the merger* was to create an international

DATA				
ワード数 371	速読目標時間 (wpm:100w/m) 3' 43"	☐ 1回目 (月 日) ☐'☐"	☐ 2回目 (月 日) ☐'☐"	☐ 3回目 (月 日) ☐'☐"

automobile giant, (C) it didn't happen. In May 2007, DaimlerChrysler sold the Chrysler group, which reported a $2 billion first-quarter loss this year.

Cultural clash alone doesn't fully explain the failure of DaimlerChrysler, but it was a destructive element apparent from the start. After the merger, German and American executives spent a lot of time (3)[negotiate] the size of the new company's business card. Would it follow the small American-size card (D) the larger size common in Europe? The dispute symbolized deeper divisions that prevented the company from becoming a unit. Much of the disaster was caused by a basic lack of understanding of each other's national and corporate-cultural differences.

Learning the customs and culture of a foreign country shows respect for the other side, and respect is important in developing a business relationship. The fact that you haven't learned the history and the customs raises questions about the sincerity of how committed you are to doing business in the country.

USA TODAY (August 23, 2007). Reprinted with Permission.

＊［注］backfired: backfire（裏目に出る）の過去形　　acquisition: 買収　　merger: 合併

設問

1 下線部 (1) 〜 (3) の動詞の文中での適切な形を，下から 1 つずつ選びなさい。
（配点：3 問 × 2 点 = 6 点）

(1) ① loses ② losing ③ lost ④ to lose
(2) ① obtain ② obtaining ③ obtained ④ to obtain
(3) ① negotiate ② negotiating ③ negotiated ④ to negotiate

2 （ A ）〜（ D ）に入る適切な語を，下から 1 つずつ選びなさい。ただし，それぞれの選択肢の使用は 1 回のみとする。 （配点：4 問 × 3 点 = 12 点）

① because ② but ③ or ④ that ⑤ while

3 第 2 パラグラフを参照して，日米の企業間の取引が失敗した経緯を次の 4 段階に分け，空所に適切な日本語を補いなさい。 （配点：4 問 × 3 点 = 12 点）

(1) 米国の会社は＿＿＿＿＿＿＿＿＿＿＿＿＿＿＿＿＿＿＿＿＿＿＿＿＿。
(2) しかし日本の会社は＿＿＿＿＿＿＿＿＿＿＿＿＿＿＿＿＿＿＿＿＿。
(3) そこで米国の会社は＿＿＿＿＿＿＿＿＿＿＿＿＿＿＿＿＿＿＿＿＿。
(4) その対応を日本の会社は＿＿＿＿＿＿＿＿＿＿＿＿＿＿＿＿＿＿。

4 第 3 〜 4 パラグラフの内容を次のようにまとめるとき，空所に入る適切な語句を下から 1 つずつ選びなさい。 （配点：2 問 × 3 点 = 6 点）

The dispute about **(1)** symbolized **(2)**.

① the amount of time needed for the negotiation
② trouble caused by cultural differences
③ the size of the new business card
④ the birth of an international automobile giant

5 二重下線部＿＿＿の文を日本語に直しなさい。（配点：8 点）

6 次の問いの答えとして適切なものを，下から 1 つ選びなさい。 （配点：6 点）

According to the passage, what is the most important in international business deals?

① Following universal business practices.
② Meeting each other halfway in everything.
③ Understanding each other's cultural backgrounds.
④ Discussing the details such as the size of business cards.

解答欄

1	(1)	① ② ③ ④	(2)	① ② ③ ④	(3)	① ② ③ ④

2	(A)	① ② ③ ④ ⑤	(B)	① ② ③ ④ ⑤
	(C)	① ② ③ ④ ⑤	(D)	① ② ③ ④ ⑤

3	(1)	
	(2)	
	(3)	
	(4)	

4	(1)	① ② ③ ④	(2)	① ② ③ ④

5	

6	① ② ③ ④	

1回目	2回目	3回目
／50点	／50点	／50点

解答と解説

解答一覧								
1	(1) ① ② **❸** ④		(2) ① **❷** ③ ④		(3) ① **❷** ③ ④			
2	(A) ① ② ③ ④ **❺**			(B) **❶** ② ③ ④ ⑤				
	(C) ① **❷** ③ ④ ⑤			(D) ① ② **❸** ④ ⑤				
3	(1) 日本の会社をシアトル[自社/米国]へ招待した。							
	(2) 何ヵ月もビザの入手に手間取った。							
	(3) (しびれを切らせて)(取引をまとめるために) 重役を日本へ送りこんだ。							
	(4) (両社の絆を築き上げる) 忍耐力が欠けていると考えた[失望した]。							
4	(1) ① ② **❸** ④			(2) ① **❷** ③ ④				
5	歴史や習慣を学習していないという事実により，その国でビジネスをすることにどれだけ献身的に取り組んでいるか，その誠意に対する疑問が生じるのである。							
6	① ② **❸** ④							

1 (1) 直前に or があるので〈A or B〉の A・B に当たる要素を考えると，deals are put at risk or lost という解釈が妥当。どちらも受動態で，「取引が危険にさらされたり，失われたりする」という意味になる。〈put ~ at risk〉は「危険にさらす」という意味。

(2)〈have trouble [difficulty] (in) Ving〉で「V するのに苦労する」の意味。不定詞は使えない。

(3)〈spend ＋時間＋ Ving〉で「V して（時間）を過ごす」の意味。この場合も不定詞は使えない。

2 (A) 空所の後ろに〈A, B or C〉という構造で traveling, meeting …… のように Ving 形が並んでいるので、❺〈while Ving〉（V している間に）の形を思い浮かべる。while (they are) traveling, …… のカッコ内が省略されたもの。

(B) 空所の前後の意味的な関係を考える。空所の前は「それ［＝米国企業が重役を日本へ派遣したこと］は裏目に出た」。これだけでは抽象的すぎるので、空所には❶ because「…… だから」を置き、「裏目に出た」ことの具体的な理由が説明されていると考えるのが自然。

(C) 空所の前後は「合併のねらいは …… だった」「それは起こらなかった」という内容だから、空所には逆接を表す❷ but（しかし）が入る。

(D) 空所の前後に「小さなアメリカの（名刺の）サイズ」と「より大きなヨーロッパのサイズ」が並列されていると考えて、〈A or B〉「AあるいはB（に従う）」とすれば意味が通る。よって❸が入る。

3 第2パラグラフの第2文が During negotiations（交渉の間）で始まるので、その後ろの内容をまとめる。この文中に but があるので、その前の内容（the U.S. company invited the Japanese company to Seattle）が (1) に、後ろの内容（for months, the Japanese company had trouble obtaining visas）が (2) に入る。(3) には次の文（The impatient U.S. company sent high-level executives to Japan to close the deal.）の内容を入れる。「日本に重役を送った」だけでも可。(4) には空所 (B) の後ろの内容が入るが、少し長いので「忍耐力が欠けているとみなした［不信感を持った］」のように短くまとめてもよい。

4 The dispute about (1) symbolized (2). なので、「(1) に関する論争は (2) を象徴していた」の空所 (1)(2) に入る語句を考える。

第4パラグラフの最後から2番目の文に The dispute symbolized …… とあるので、その前後を重点的に読むと、「その論争」とは、ダイムラーベンツ社とクライスラー社との間に起きた、新会社の名刺のサイズに関する論争だとわかる。したがって (1) には❸「新しい名刺のサイズ」が入る。また、本文の symbolized の後ろの内容から、それが象徴していたのは両社間の深い隔たりであり、その背景にはお互いの文化に対する理解の欠如があったことがわかる。したがって (2) には❷「文化の違いから引き起こされる問題」が入る。ほかの選択肢は不適切。

> 選択肢の和訳
> ① 交渉に必要とされる時間の量
> ② 文化の違いから引き起こされる問題
> ③ 新しい名刺のサイズ
> ④ 国際的な巨大自動車メーカーの誕生

5 英語の文にはSとVが含まれる。**長い文の構造を考える際には，どの部分がSとVであるかを発見することが大切**。この文の場合，全体がS（The fact ……）＋V（raises）＋O（questions about ……）「…… 事実は …… に関する疑問を引き起こす」という構造になっている。the fact that …… は「…… という事実」（**that は同格節を作る接続詞**）。〈be committed to ～〉は「～に打ちこむ，献身的に取り組む」の意味で，to は前置詞なので**後ろには動名詞**（doing）が使われている。how は「どの程度」の意味の疑問副詞で，How committed are you to ……?「あなたはどのくらい献身的に …… に取り組んでいますか」という**疑問文を間接疑問**にした形と考えればよい。

6 本文のキーワードは第3パラグラフ第1文の cultural clash「文化の衝突」であり，それが国際ビジネスを困難にしている，というのがテーマである。その文脈と**第5パラグラフで述べられている結論**から，正解は❸となる。

> 選択肢の和訳
> 本文によれば，国際的な商取引では何が最も大切か。
> × ① 一般的な商習慣に従うこと。
> × ② 何事においてもお互いに妥協すること。
> ○ ③ お互いの文化的背景を理解すること。
> × ④ 名刺のサイズのような細部を議論すること。

文構造と構文のポイント

1 Globalization has made cross-border business deals more common
　　　　S　　　　　　V　　　　　　　O　　　　　　　　　　C
❶〈 than ever 〉. But,〈 every day 〉, deals are put〈 at risk 〉❷〈 or lost
　　　　　　　　　　　　　　　　　　　　S　　　V　　　　　　　　　　　V
〈 when foreign associates are offended〈 by business people 〈 who are
　　　　　　S'　　　　　　　V'　　　　　　　　　　　　　　　　　　　　V''
unaware〈 of other countries' customs, culture or manners 〉〉〉〉. They
　C''　　　　　　　　　　　　　　　　　　　　　　　　　　　　　　　　　S
commit a slip or error〈 in etiquette, manners or conduct 〉❸〈 while traveling,
　V　　　　O
meeting a foreigner ❹ or communicating〈 on the phone or Internet 〉〉.

　国際化のおかげで，国境を越えた商取引はかつてよりも一般的なものとなっている。しかし，日々，相手の国の習慣や文化やマナーを意識しない人々によって，外国人の取引先が感情を害してしまい，取引が危険にさらされたり，解消されたりしている。彼らは出張をしていたり，外国人と会合をしたり，電話やインターネットでやりとりしているときに，エチケットやマナーや行動の点でちょっとした思い違いや間違いをしてしまうのである。

構文のポイント

❶〈than ever (before)〉（以前よりまして）は**比較**を使った重要表現。
❷〈A or B〉の A と B は同じ**要素**になるのが基本。ここでは deals are に続く過去分詞 A＝put（at risk），B＝lost が並べられ，**受動態**になっている。
❸〈接続詞 S V〉は S＝主節の S，V＝be 動詞のときは**省略**されることがある。ここでは，while they are traveling, meeting a foreigner or communicating on the phone or Internet「彼らは出張をしていたり，外国人と会合をしたり，電話やインターネットでやりとりしているときに」の意味になる。
❹ or は 3 つ以上が並列される場合は〈A, B or C〉のように**カンマ**を使う。よって，ここでは A＝traveling, B＝meeting ……, C＝communicating …… のように，while (they are) Ving の Ving を**並列**している。

語句注

□ globalization	图 国際化	□ be unaware of ~	熟 ~に気づかない
□ cross-border	形 国境を越える	□ custom	图 習慣，風習
□ business deal	图 商取引	□ manners	图 礼儀作法，マナー
□ common	形 一般的な，普及している	□ commit	動 （罪などを）犯す
□ than ever	熟 今までよりも	□ slip	图 （ちょっとした）間違い
□ put ~ at risk	熟 ~を危険にさらす	□ etiquette	图 エチケット
□ associate	图 関係者，取引先	□ conduct	图 振る舞い
□ offend	動 感情を害する	□ communicate	動 意思疎通をする

文構造と構文のポイント

2 An American company 〈in Seattle〉 lost a big business deal 〈in the 1990s〉 《because ❺ it did not understand a Japanese company's business culture》. 《During negotiations》, the U.S. company invited the Japanese company 〈to Seattle〉, but 〈for months〉, the Japanese company ❻ had trouble 〈obtaining visas〉. The impatient U.S. company sent high-level executives 〈to Japan〉 〈to close the deal〉. It backfired 《because the Japanese executives were eager 〈to visit the USA〉 ❼ and were turned off 〈by the Americans' lack of patience 〈in building a bond 〈between the companies〉〉〉》.

　シアトルにあるアメリカの会社は，日本の会社のビジネスの文化を理解していなかったため，1990年代に大きな取引を失ってしまった。交渉の間，アメリカの会社は日本の会社をシアトルへと招いた。しかし，何カ月もの間，日本の会社はビザをとるのに苦労した。我慢できなくなったアメリカの会社は，取引を成立させようと重役を日本に送り込んだ。このことは逆効果となった。なぜなら，日本の会社の重役は合衆国を訪れたいと望んでおり，会社間での絆を築いていくための忍耐心がアメリカ側に欠けていることにうんざりさせられたからだ。

構文のポイント

❺ この it は前文の an American company in Seattle を指す代名詞。代名詞が何を指すかは，実際に代入してみるとよい。ここでは，an American company in Seattle did not understand a Japanese company's business culture となり，文脈に合うことがわかる。

❻ 〈have trouble (in) Ving〉（V するのに苦労する）の in は省略されることが多い。

❼ 〈A and B〉の A と B は同じ要素になるのが基本。よって，ここでは〈because S′ V′〉の V′ 以降，A = were eager to ....., B = were turned off ..... を並べている。

語句注

□ during	前 ～の間		□ close a deal	熟	契約を結ぶ
□ negotiation	名 交渉		□ be eager to V原	熟	しきりにVしたがる
□ have trouble (in) Ving	熟 Vするのに苦労する		□ turn off.....	熟	…..の興味を失わせる, うんざりさせる
□ obtain	動 取得する, 手に入れる		□ lack	名	欠如
□ visa	名 ビザ		□ patience	名	忍耐, 我慢
□ impatient	形 待ちきれない		□ bond	名	絆
□ executive	名 重役				

文構造と構文のポイント

3 Cultural clashes are not limited (to individuals or groups of people ⟨ discussing ❽ or negotiating a business deal ⟩). An entire company ❾ can suffer (from cultural differences). The $36 billion acquisition ⟨ of the USA's Chrysler by Germany's Daimler-Benz in 1998 ⟩ was marked (by the most significant cultural clash ⟨ in the business world in recent memory ⟩). The aim ⟨ of the merger ⟩ was [to create an international automobile giant], but ❿ it didn't happen. (In May 2007), DaimlerChrysler sold ⓫ the Chrysler group, ⟨ which reported a $2 billion first-quarter loss (this year) ⟩.

　文化的衝突は，商取引に関して討議したり交渉したりしている個人や集団に限定されるものでない。会社全体が文化的な相違により悩まされることもあるのだ。1998年におけるドイツのダイムラーベンツによる米国クライスラーの360億ドルでの買収は，最近記憶に残る中では，商業界において最も重大な文化的衝突によって特徴づけられた。合併の目的は，国際的な自動車製造の巨大企業を生み出すことであったが，そうはならなかった。2007年の5月には，ダイムラークライスラーはクライスラーグループを売却した。クライスラーグループは本年度の第1四半期においての20億ドルの損失を報告した。

構文のポイント

❽ ⟨A or B⟩ は，ここでは，A = discussing, B = negotiating。⟨discussing or negotiating⟩ a business deal ということ。

❾ ここで用いられているように，⟨can V原⟩ には「V する可能性がある，V しうる」など，**可能性の意味を表す用法**がある。

❿ この it は前文の to create an international automobile giant の内容を指す**代名詞**。「国際的な自動車製造の巨大企業を生み出す」ということが起こらなかった（didn't happen），という意味を表す。

⓫ 非制限用法の関係代名詞［カンマつき関係代名詞］は，**直前の名詞に補足説明を加える**働きをする。ここでは，the Chrysler group に補足説明を加えた形になっている。

語句注

☐ clash	名 衝突		☐ mark	動	印をつける，特徴づける
☐ be limited to ~	熟 ~に制限される		☐ significant	形	重大な，重要な
☐ individual	名 個人		☐ aim	名	目的
☐ group	名 集団		☐ international	形	国際的な
☐ discuss	動 話し合う		☐ automobile	名	自動車
☐ negotiate	動 交渉する		☐ giant	名	巨大企業，巨人
☐ entire	形 全体の		☐ report	動	報告する
☐ suffer from ~	熟 ~に悩まされる，~に苦しむ		☐ first-quarter	形	第一四半期［年度の最初の3か月］の
☐ billion	形 10億の		☐ loss	名	損失

文構造と構文のポイント

4 Cultural clash ⑫ (alone) ⑬ doesn't (fully) explain the failure 〈 of DaimlerChrysler 〉, but ⑭ it was a destructive element 〈 apparent from the start 〉. (After the merger), German and American executives ⑮ spent a lot of time (negotiating the size 〈 of the new company's business card 〉). Would it follow the small American-size card ⑯ or the larger size 〈 common in Europe 〉? The dispute symbolized deeper divisions 〈 that ⑰ prevented the company (from becoming a unit)〉. Much of the disaster ⑱ was caused (by a basic lack 〈 of understanding 〈 of each other's national and corporate-cultural differences 〉〉).

　文化的衝突だけがダイムラークライスラーの失敗の十分な説明となるわけではないが，それは当初から明白な破壊的要素となっていた。合併の後，ドイツとアメリカの重役達は，新しい会社の名刺のサイズについての交渉に多くの時間を費やした。アメリカの小さなサイズのカードに従うか，ヨーロッパで一般的なより大きなサイズにするか。この議論は，この会社が一つの統合体となる妨げとなった深い隔たりを象徴していた。この災難の多くは，お互いの国や企業文化の違いに対する理解が基本的に欠けていたことによって生じたものであった。

構文のポイント

⑫ 〈名詞＋ alone〉は，「ただ～だけ」の意味を表す。

⑬ not fully V は「完全に V というわけではない」という意味の部分否定。

⑭ この it は前文の cultural clash を指す代名詞。実際に代入すると cultural clash was a destructive element apparent from the start となり，文脈に合うとわかる。

⑮ 〈spend ＋ 時間＋ (in) Ving〉（V するのに時間を費やす）の in は省略されることが多い。

⑯ ここでの〈A or B〉は，follow の目的語 A ＝ the small American-size card，B ＝ the larger size common in Europe を並べている。

⑰ 〈S prevent ～ from Ving〉（S は～が V するのを妨げる，S のせいで～は V できない）は重要表現。

⑱ 〈A cause B〉（A は B を引き起こす）には，A ＝原因・理由，B ＝結果の関係がある。ここでは，受動態になり〈B was caused by A〉となっているので，因果関係の取り違いに注意。

5 [Learning the customs and culture ⟨ of a foreign country ⟩] shows respect ⟨ for the other side ⟩, and respect is important ⟨ in developing a business relationship ⟩. ⑲ The fact ⟨ that you haven't learned the history and the customs ⟩ raises questions ⟨ about the sincerity ⟨ of ㉑ [how committed you are ㉒ ⟨ to doing business in the country ⟩] ⟩ ⟩.

外国の習慣や文化を学ぶことは，相手に対する敬意を表す。そして，敬意はビジネスの関係をはぐくむ際には重要である。歴史や習慣を学習していないという事実により，その国でビジネスをすることにどれだけ献身的に取り組んでいるか，その誠意に対する疑問が生じるのである。

構文のポイント

- ⑲ 重要表現〈the fact + that S' V'〉（S' が V' するという事実）に注意。
- ⑳ ここでの〈A and B〉は，you haven't learned の目的語 A = the history，B = the customs を並べている。the customs raise ではなく，the customs raises となっていることから，the customs は raises の主語でないことがわかる。(×) the customs raises questions（S V O）のように誤読しないように注意。
- ㉑ 間接疑問 how committed you are ..... に注意。(→ p.108 解説 **5**)
- ㉒ be committed to ~（~に本腰を入れて取り組む）の to は前置詞なので，to の後ろに動名詞［Ving］が続いている。

語句注

□ fully	副 完全に		□ disaster	名 惨事，災害
□ failure	名 失敗		□ basic	形 基本的な
□ destructive	形 破壊的な		□ national	形 国家の，国の
□ element	名 要素，要因		□ corporate-cultural	形 企業文化の
□ apparent	形 明白な			
□ from the start	熟 最初から		□ respect	名 敬意，尊敬
□ business card	名 名刺		□ the other ~	熟 (2者のうちの)もう1つの~
□ follow	動 従う		□ develop	動 発達させる
□ dispute	名 議論		□ fact	名 事実
□ symbolize	動 象徴する		□ raise	動 引き起こす
□ division	名 (意見などの) 相違，分裂		□ sincerity	名 誠意，誠実
□ prevent O from Ving	(Sは) O が V することを妨げる		□ be committed to ~	熟 ~に本腰を入れて取り組む
□ unit	名 一団			

パラグラフ・リーディング

次のマクロチャートを使って、パラグラフの要旨とパラグラフ間のつながりを確認しましょう。

マクロチャート

第1パラグラフ	テーマ	国際化⇒外国との商取引増加 しかし、相手国の習慣・文化・マナーを知らないことに起因する誤解により、取引が解消されることもある
第2パラグラフ	具体例①	**日米の文化的相違：** 日本の会社：ビザ取得に手間取る／忍耐力不足と解釈 アメリカの会社：取引成立を求めて重役を日本へ派遣 → 交渉決裂
第3パラグラフ	具体例②	**ドイツとアメリカの文化的衝突：** ドイツのダイムラーベンツがアメリカのクライスラーを買収 [目的] 自動車製造の巨大企業の創出 [結果] クライスラーの大損失 → 売却（＝統合の失敗）
第4パラグラフ	具体化	米：クライスラー　名刺サイズ：小 ⇔ 独：ダイムラーベンツ　名刺サイズ：大 ↓ 文化的衝突を象徴
第5パラグラフ	結論	外国の習慣・文化の学習⇒相手先に対する敬意を表す その敬意はビジネスでの関係構築において重要

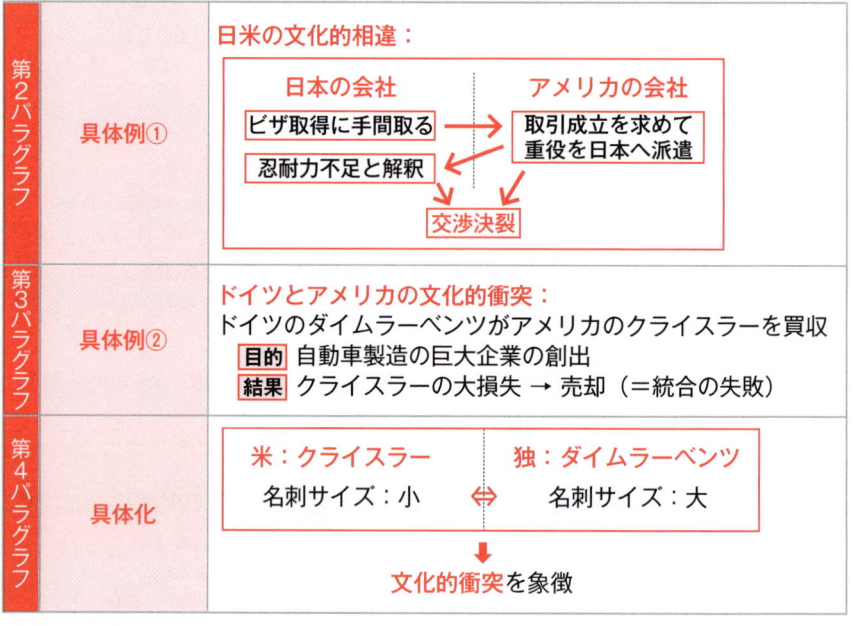

サマリー

→解答は p.119

(1)～(5)の空所に入る適切な語をそれぞれ下の①～⑤から選び，問題英文の要約を完成させなさい。　　　（配点：5問×3点＝15点）

　日米の会社の (1)（　　　）や，ドイツとアメリカの自動車会社の (2)（　　　）による (3)（　　　）の失敗に象徴されるように，商取引先の習慣・(4)（　　　）・マナーの理解不足から，取引が危険にさらされたり，解消されたりするケースがある。文化的相違を学習し，理解することによって，相手先に (5)（　　　）を示すことができ，それがビジネスでの関係をはぐくむ上で大切なのである。

①敬意　②文化　③統合　④文化的衝突　⑤交渉決裂

(1)	
(2)	
(3)	
(4)	
(5)	

得点	
	／15点

音読トレーニング

意味がすらすらわかるまで，繰り返し練習しましょう。

1　Globalization has made / cross-border business deals / more common than ever. / But, / every day, / deals are put at risk / or lost / when foreign associates are offended / by business people / who are unaware of other countries' customs, / culture / or manners. / They commit a slip or error / in etiquette, manners or conduct / while traveling, meeting a foreigner or communicating / on the phone or Internet. /

2　An American company in Seattle / lost a big business deal / in the 1990s / because it did not understand a Japanese company's business culture. / During negotiations, / the U.S. company invited the Japanese company to Seattle, / but for months, / the Japanese company had trouble obtaining visas. / The impatient U.S. company / sent high-level executives to Japan / to close the deal. / It backfired / because the Japanese executives were eager to visit the USA / and were turned off / by the Americans' lack of patience / in building a bond / between the companies. /

3　Cultural clashes are not limited / to individuals or groups of people / discussing or negotiating a business deal. / An entire company can suffer / from cultural differences. / The $36 billion acquisition / of the USA's Chrysler / by Germany's Daimler-Benz in 1998 / was marked / by the most significant cultural clash / in the business world / in recent memory. / The aim of the merger was / to create an international automobile giant, / but it didn't happen. / In May 2007, / DaimlerChrysler sold the Chrysler group, / which reported a $2 billion first-quarter loss / this year. /

R CD 12　N CD 13

1　国際化のおかげで，国境を越えた商取引はかつてよりも一般的なものとなっている。しかし，日々，相手の国の習慣や文化やマナーを意識しない人々によって，外国人の取引先が感情を害してしまい，取引が危険にさらされたり，解消されたりしている。彼らは出張をしていたり，外国人と会合をしたり，電話やインターネットでやりとりしているときに，エチケットやマナーや行動の点でちょっとした思い違いや間違いをしてしまうのである。

2　シアトルにあるアメリカの会社は，日本の会社のビジネスの文化を理解していなかったため，1990年代に大きな取引を失ってしまった。交渉の間，アメリカの会社は日本の会社をシアトルへと招いた。しかし，何カ月もの間，日本の会社はビザをとるのに苦労した。我慢できなくなったアメリカの会社は，取引を成立させようと重役を日本に送り込んだ。このことは逆効果となった。なぜなら，日本の会社の重役は合衆国を訪れたいと望んでおり，会社間での絆を築いていくための忍耐心がアメリカ側に欠けていることにうんざりさせられたからだ。

3　文化的衝突は，商取引に関して討議したり交渉したりしている個人や集団に限定されるものでない。会社全体が文化的な相違により悩まされることもあるのだ。1998年におけるドイツのダイムラーベンツによる米国クライスラーの360億ドルでの買収は，最近記憶に残る中では，商業界において最も重大な文化的衝突によって特徴づけられた。合併の目的は，国際的な自動車製造の巨大企業を生み出すことであったが，そうはならなかった。2007年の5月には，ダイムラークライスラーはクライスラーグループを売却した。クライスラーグループは本年度の第1四半期においての20億ドルの損失を報告した。

p.117 サマリー　解答　(1) ⑤　(2) ④　(3) ③　(4) ②　(5) ①

音読トレーニング

4 Cultural clash alone / doesn't fully explain the failure of DaimlerChrysler, / but it was a destructive element / apparent from the start. / After the merger, / German and American executives spent a lot of time / negotiating the size of the new company's business card. / Would it follow the small American-size card / or the larger size / common in Europe? / The dispute symbolized deeper divisions / that prevented the company / from becoming a unit. / Much of the disaster was caused / by a basic lack of understanding / of each other's national and corporate-cultural differences. /

5 Learning the customs and culture / of a foreign country / shows respect / for the other side, / and respect is important / in developing a business relationship. / The fact / that you haven't learned the history and the customs / raises questions about the sincerity / of how committed you are / to doing business in the country. /

4 文化的衝突だけがダイムラークライスラーの失敗の十分な説明となるわけではないが，それは当初から明白な破壊的要素となっていた。合併の後，ドイツとアメリカの重役達は，新しい会社の名刺のサイズについての交渉に多くの時間を費やした。アメリカの小さなサイズのカードに従うか，ヨーロッパで一般的なより大きなサイズにするか。この議論は，この会社が一つの統合体となる妨げとなった深い隔たりを象徴していた。この災難の多くは，お互いの国や企業文化の違いに対する理解が基本的に欠けていたことによって生じたものであった。

5 外国の習慣や文化を学ぶことは，相手に対する敬意を表す。そして，敬意はビジネスの関係をはぐくむ際には重要である。歴史や習慣を学習していないという事実により，その国でビジネスをすることにどれだけ献身的に取り組んでいるか，その誠意に対する疑問が生じるのである。

●音読達成シート

❶	月	日	❷	月	日	❸	月	日	❹	月	日	❺	月	日
❻	月	日	❼	月	日	❽	月	日	❾	月	日	❿	月	日

Day 7

制限時間 **25分**

次の英文を読み，あとの設問に答えなさい。

　Some cat owners report that whenever they are talking on the telephone their pet cats stalk over, (ア)leap up on the telephone table, and start rubbing against them, making (a)it difficult sometimes to continue with the conversation. Gently removed to the floor, they are soon back again, as if jealous of the communication that is taking place between the owners and the voices at the other end of the line. Why do they (1)act in this way?

　The interpretation of jealousy is understandable, but incorrect. Although the owner feels that the cat's actions are a (イ)deliberate attempt to intervene in the conversation, the truth is that the cat is quite unaware of the person at the other end of the telephone line. All (b)it observes is that, suddenly, its much-loved owner is talking. Furthermore, if there is nobody else in the room, (c)it is clear to the cat that its owner must be talking to it. Most owners, (d)it has already learned, do not talk to themselves, so there can be no other conclusions. So it responds (ウ)appropriately, and moves in close to make its friendly response.

　A closer examination of such cases reveals that not all telephone calls get (2)this treatment. If there is another human being in the room at the time, the cat is less interested in the telephoner* because (e)it has long ago discovered that owners talk to their human friends and that this has no (エ)significance for cats.

DATA

ワード数	速読目標時間 (wpm:100w/m)	□1回目 (　月　　日)	□2回目 (　月　　日)	□3回目 (　月　　日)
324	3' 14"	□' □"	□' □"	□' □"

Also, the solitary* telephoner may be less interesting to cats when making boring calls than when making friendly ones. This is because cats become extremely sensitive to vocal tones. If we speak in soft, loving tones on the telephone — the same tones we use when greeting our pet cats — then such calls will prove almost too attractive to our cats who are listening nearby. Who can blame them for returning (3) <u>our apparent greeting</u> with the rubbings and nuzzlings* of friendship?

from *CATWATCHING AND CATLORE* by Desmond Morris, published by Jonathan Cape.
Reprinted by permission of The Random House Group Ltd.

* ［注］ telephoner: a person who is speaking on the telephone　　solitary: being alone
nuzzling: rubbing or pressing one's nose against someone to show affection

設　問

1 下線部 (1) の具体的な内容をまとめて，日本語で述べなさい。　（配点：8点）

2 下線部 (1) のような猫の行動について，(A) 飼い主はどのように解釈し，(B) 筆者はどのように解釈するか，それぞれ日本語で述べなさい。
（配点：2問×6点＝12点）

3 飼い主が電話で話していても下線部 (2) の this treatment を受けにくいのはどのような場合か，2つの場合を①，②の解答欄にそれぞれ日本語で述べなさい。
（配点：2問×4点＝8点）

4 下線部 (3) の内容に最も近いものを1つ選びなさい。　（配点：4点）
① 猫に対して人間と同じようにあいさつをすること
② 猫をなでたり，猫に鼻をこすりつけたりすること
③ ふだん猫に使う口調と同じ口調で電話で話すこと
④ 電話をかけながら猫の方をちらちら見ること

5 下線部 (a) 〜 (e) の it が「猫」を指すときは○で，そうでないときは×で答えなさい。　（配点：5問×2点＝10点）

6 下線部 (ア) 〜 (エ) に最も近い意味を持つ語を1つずつ選びなさい。
（配点：4問×2点＝8点）

（ア）① crawl　　② climb　　③ jump　　④ seize
（イ）① desperate　② effective　③ obligatory　④ intentional
（ウ）① properly　② exactly　③ rudely　④ promptly
（エ）① effort　　② importance　③ difference　④ opportunity

解答欄

1	

2	(A)	
	(B)	

3	①	
	②	

4	① ② ③ ④	

5	(a)		(b)		(c)	
	(d)		(e)			

6	(ア)	① ② ③ ④	(イ)	① ② ③ ④
	(ウ)	① ② ③ ④	(エ)	① ② ③ ④

1回目	2回目	3回目
／50点	／50点	／50点

解答と解説

解答一覧		
1		ペットの猫が電話をしている飼い主につきまとい，電話台に飛び乗って飼い主にすり寄り会話を妨げたり，床に戻しても飼い主と相手の会話に嫉妬するかのようにまたすぐに戻ってきたりすること。
2	(A)	（飼い主は）猫が自分と相手の会話に嫉妬して，意図的にじゃまをしようとしている（と解釈する）。
	(B)	（筆者は）猫は飼い主が自分に話しかけていると思い，愛想よく応答しようとして近づいてくる（と解釈する）。
3	①	部屋の中に別の人がいる場合
	②	（部屋の中に飼い主しかいなくても）電話の相手と退屈な会話をしている場合
4		① ② **❸** ④

5	(a)	✕	(b)	〇	(c)	✕
	(d)	〇	(e)	〇		

6	(ア)	① ② **❸** ④	(イ)	① ② ③ **❹**
	(ウ)	**❶** ② ③ ④	(エ)	① **❷** ③ ④

1 ここでは「彼ら[＝猫たち]はどうして<u>このように行動する</u>のだろうか」という文の下線部の内容が問われているので，その前に書かれている説明を簡潔にまとめる。このとき，**第１文の「電話中に猫がすり寄ってくる」**と，**第２文の「床に戻してもまたすぐに戻ってくる」**という２つの内容を含める必要がある。英文を忠実に和訳すると文字数が多くなるので，解答欄のスペースに応じて言葉を短くする。なお，下線部 act の主語は猫だから，**解答の文章全体は「猫が**

……する」という形になっていなければならない。「猫が……する，と，一部の飼い主は報告している」のような余分な情報を入れると減点の対象になるので注意。

2 第2パラグラフの内容をまとめて答えることになるが，(A) と (B) が対立する内容になるように答える必要がある。

(A)「飼い主の解釈」なので，Although で始まる**第2パラグラフ第2文の前半**にある，the owner feels that the cat's actions are a deliberate attempt to intervene in the conversation（飼い主は，猫の行動は会話に干渉しようとする意図的な試みだと感じる）が答えの中心になる。直前に The interpretation of jealousy is understandable（嫉妬という解釈は理解できる）とあるので，「**嫉妬［ねたみ］**」という言葉も盛り込むのが望ましい。

(B) Although で始まる文の後半の the truth is that the cat is quite unaware of the person at the other end of the telephone line（実際には猫は電話回線の向こうにいる人間には全く気付いていない）に目が向くが，この部分だけを答えたのでは減点の対象になる。なぜなら，この部分は「猫がそのような行動をとる」ことの直接の理由ではないからである。

　直接の理由は第2パラグラフの後半に書かれているが，特定の箇所を和訳するだけでは答えにならないので，筆者の解釈を自分の言葉でまとめる必要がある。このパラグラフの最後の文に it responds appropriately, and moves in close to make its friendly response（それ［＝猫］は適切に応じ，友好的な反応をするために近づいてくる）とある。つまり猫が電話中の人にすり寄ってくる直接の理由は，「**(飼い主に) 友好的な反応をすること**」である。response（反応）という言葉は，その前の文にある it is clear to the cat that its owner must be talking to it．（飼い主がそれ［＝猫自身］に話しかけているに違いないということは，猫にとって明らかである）という部分を受けている。つまり，猫は飼い主が電話の相手ではなく**自分に話しかけていると勘違いして，それに返事をするために飼い主に近づく**のである。その内容を簡潔にまとめると，模範解答例のようになる。

　なお，(A) を「猫は飼い主に意地悪をしようとしている」，(B) を「猫は飼い主に愛情を示そうとしている」のように答えるのは，(本文の主旨から外れてはいないが) やや「意訳」しすぎで減点の可能性がある。

3 this treatment（この扱い）とは，第1パラグラフに書かれた，**通話中の飼い主が猫につきまとわれる状況**を指している。第3パラグラフ第2文に If ....., the cat is less interested in the telephoner（もし……なら，猫は電話している人により興味を示さない）とある。また**第3文には**，the solitary telephoner may be less interesting to cats when ..... than when .....（1人で電話をしている人は，……のときには……のときほど猫にとって興味深くないかもしれない）と書かれている。したがって，この2つの箇所の内容が正解となる。

4 apparent は appear（…のように見える［思われる］）の形容詞形で，our apparent greeting を直訳すると「私たちの見かけのあいさつ」「(一見) 私たちがあいさつしているように見えるもの」となる。ここでは前の文中の the same tones we use when greeting our pet cats（私たちがペットの猫にあいさつするときに使うのと同じ口調）を受けており，飼い主が電話の相手に対して猫に話すのと同じ口調で話しているのが，猫から見れば自分へのあいさつに見える，という状況を指している。したがって正解は❸。

5 (a) の it は to continue 以下を指す**形式目的語**だから✕。(b) の it は「猫が観察するすべてのことは……」という文脈だから○。(c) の it は that 以下を指す**形式主語**だから✕。(d) の it は「猫はすでに学んできた」という文脈だから○。(e) の it は「猫はずっと昔から知っている」という文脈なので○。it has been discovered that ……（……ということが発見されている）という形式主語構文と混同しないこと。

6 (ア) leap「跳ぶ」の同意語は❸ jump。①crawl は「はう」，②climb は「(よじ) 登る」，④seize は「～をつかむ」。

(イ) deliberate「意図的な」の同意語は❹ intentional。①desperate は「必死の」，②effective は「効果的な」，③obligatory は「義務的な」。

(ウ) appropriately「適切に」の同意語は❶ properly。②exactly は「正確に」，③rudely は「無作法に」，④promptly は「迅速に」。

(エ) significance「意義，重要性」の同意語は❷ importance。①effort は「努力」，③difference は「違い」，④opportunity は「機会」。

文構造と構文のポイント

1 Some cat owners report 【 that 〈 whenever they are talking 〈 on the telephone 〉〉 their pet cats stalk over, leap up 〈 on the telephone table 〉, ❶ and start ［ rubbing 〈 against them 〉］, ❷ 《 making it difficult 〈 sometimes 〉 ［ to continue 〈 with the conversation 〉］)】. ❸ 《 Gently removed to the floor 〉, they are 〈 soon 〉 〈 back again 〉, ❹ 《 as if jealous 〈 of the communication 〈 that is taking place 〈 between the owners and the voices 〈 at the other end of the line 〉〉〉〉》. Why do they act 〈 in this way 〉?

　猫を飼っている人の中には，電話で話をするときにいつもペットの猫がそっと近づいてきて電話台の上に飛び乗ってすり寄ってくるので，時には会話を続けるのが難しくなることもあると報告する人もいる。優しく床に戻しても，飼い主と回線の向こう側の声との間でなされている会話に嫉妬するかのように，またすぐに戻ってくる。どうして猫はこのような行動をするのだろうか。

構文のポイント

❶ and が 3 つ以上のものを並べる場合は，〈A, B and C〉〈A, B, C and D〉のように**カンマ**を用いる。ここでは，their pet cats の述語部分 A ＝ stalk over，B ＝ leap up on the telephone table，C ＝ start rubbing against them を並べている。
❷ 〈make it C to V原〉（V することを C にする）が**分詞構文**として使われている。
❸ 主節の SV の前に置けるのは，副詞の働きをするもの。よって，Gently removed to the floor（優しく床に戻しても）は，副詞の働きをする**分詞構文**ととらえる。
❹ 〈接続詞＋S V〉は S ＝主節の S，V ＝ be 動詞の条件がそろうとき，**S V が省略**されることがある。ここでは，as if they were jealous（まるでそれら［ペットの猫］が嫉妬するかのように）の意味になることに注意。

語句注

□ owner	名 所有者，飼い主	□ remove	動 取り除く
□ whenever S V	構 S が V するときはいつでも	□ as if S V	構 まるで S が V するように（→上記 構文のポイント❹）
□ stalk	動 忍び寄る	□ jealous	形 嫉妬して，嫉妬深い
□ leap	動 跳ぶ	□ communication	名 意思伝達
□ rub	動 体をこすりつける	□ take place	熟 行われる，起こる
□ against 〜	前 〜に対して	□ at the other end of 〜	熟 〜の向こう側で，反対側で
□ make it C to V原	構 V することを C にする	□ line	名 （電話などの）回線
□ continue	動 続ける		
□ conversation	名 会話		
□ gently	副 優しく，穏やかに		

文構造と構文のポイント

2 The interpretation ⟨of jealousy⟩ is understandable, ❺ but incorrect. ❻ (Although the owner feels [that the cat's actions are a deliberate attempt ⟨to intervene (in the conversation)⟩]), the truth is [that the cat is (quite) unaware ⟨of the person ⟨at the other end of the telephone line⟩⟩]. ❼ All ⟨it observes⟩ is [that, (suddenly), its much-loved owner is talking]. ❽ (Furthermore), (if there is ❾ nobody (else) (in the room)), it is clear (to the cat) [that its owner must be talking (to it)]. Most owners, ❿ (it has (already) learned), do not talk (to themselves), ⓫ so there can be no other conclusions. So it responds (appropriately), ⓬ and moves in (close) (to make its friendly response).

嫉妬と解釈することは理解できる。しかしそれは正しくはない。飼い主は，猫の行動は会話に干渉しようとする意図的な試みだと感じるかもしれないが，実際には猫は電話回線の向こうにいる人間には全く気付いていないのである。猫が見ているのは，突然愛する飼い主が話し始めたということだけなのである。さらに，もしも他に誰も部屋にいないならば，飼い主が自分に対して話しかけているのだということが，猫にとっては明白である。ほとんどの飼い主は独り言を言うことはないと猫はすでに学んでいるので，他の結論はありえないのだ。だから，猫は適切に応じ，友好的な反応をするために近づいてくるのである。

構文のポイント

❺ 〈A but B〉の but は逆接を表す接続詞で，B が主張となるのが一般的。ここでは，「(嫉妬と解釈することは) 不正確だ」が主張となる。

❻ 〈although S′ V′ ....., S V .....〉（S′ は V′ するけれども，S は V する）の although は逆接の接続詞で，主節の S V が主張となるのが一般的。ここでは「実際には猫は電話回線の向こうにいる人間には全く気付いていないのだ」が主張となる。

❼ 関係代名詞を使った重要表現〈All (that) S′ V′ is C〉（S′ が V′ するのは C だけだ [S′ が V′ するすべては C である]）に注意。

❽ furthermore（さらに）は，前の情報に対してさらなる情報を追加する副詞。一般的に追加情報のほうがイメージは強い。ここでも，「もしも他に誰も部屋にいないならば，飼い主が自分に対して話しかけているのだということが，猫にとっては明白だ」のように，前文より強いイメージになっている。

❾ else（その他の）は，-body, -one, -thing で終わる語の後ろに付く副詞。

❿ 〈I think that S′ V′〉のような〈S V that S′ V′〉型の文は，〈S′, I think, V′〉〈S′, it has learned, V′〉のような語順を取ることがある。結果として，SV の間に it has already learned が挿入されたものと考えるとわかりやすい。挿入された, I think, は本来は主節だが，実質的には「私が思うには」という副詞に近い働きをしている。

⓫ 〈....., so S V〉（……，だから S は V する）の so は，〈原因・理由, so 結果〉の関係を示す接続詞。ここでは，「ほとんどの飼い主は独り言を言うことはないと猫はすでに学んでいる（原因・理由），so（だから）他の結論はありえない（結果）」の関係。

⓬ 〈A and B〉の A と B は，同じ要素になるのが基本。よって，ここでは文の動詞以降 A = responds appropriately, B = moves in close to make its friendly response を並べている。

語句注

□ interpretation	图 解釈，説明	□ observe	動 観察する
□ jealousy	图 嫉妬	□ much-loved	形 大好きな
□ understandable	形 理解することができる	□ furthermore	副 さらに
□ incorrect	形 事実に反する，誤った	□ conclusion	图 結論
□ although S V	構 S が V するけれども	□ respond	動 答える，反応する
□ deliberate	形 意図的な	□ appropriately	副 適切に
□ attempt	图 試み	□ move in	熟 近づく，忍び寄る
□ intervene	動 干渉する，邪魔する	□ friendly	形 友好的な
□ be unaware of 〜	熟 〜に気付いていない	□ response	图 反応，返答

文構造と構文のポイント

3 A closer examination ⟨ of such cases ⟩ reveals [that ⑬ (not all) telephone calls get this treatment]. (If there is another human being (in the room) (at the time)), the cat is ⑭ (less) interested (in the telephoner) ⑮ (because it has (long ago) discovered [that owners talk (to their human friends)] ⑯ and [that this has no significance ⟨ for cats ⟩]). (Also), the solitary telephoner may be (less) interesting (to cats) ⑰ (when making boring calls) than (⑰ when making friendly ones). This is (because cats become (extremely) sensitive (to vocal tones)). (If we speak (in ⑱ soft, loving tones) (on the telephone) ⑲ — the same tones ⟨ we use (when greeting our pet cats)⟩ —) (then) such calls will prove (almost) (too) attractive (to ⑳ our cats ⟨ who are listening (nearby))). Who can blame them (for [returning our apparent greeting (with the rubbings and nuzzlings ⟨ of friendship ⟩)])?

そのような事例をより綿密に調査してみると，すべての通話に対して猫がこのように行動するわけではないとわかる。もしもそのとき，別の人間が部屋にいるならば，猫は電話をしている人にはより興味を持たなくなる。なぜなら，飼い主は人間の友だちと話すし，その会話は猫にとっては重要ではないと，猫はずっと昔から知っているからだ。また，1 人で電話をしている人も，友好的な会話をしているときより，退屈な会話をしているときのほうが，猫にとっての興味はなくなる。これは猫が声の調子に対して非常に敏感になるからである。もしも私たちが電話で話すときに，（ペットの猫に話しかけるときに使うのと同じような）やわらかい，愛情に満ちた口調で話すならば，そのような会話は近くで聞いている猫にとって，あまりにも魅力的に感じるのだ。自分へのあいさつと思えるものに応じ，愛情をもって，すり寄ってきたり，鼻をこすりつけたりして応じることに対して，誰が猫を責めることができようか。

構文のポイント

⑬ 〈not all .....〉（すべてが ..... というわけではない）は，一部分を否定する表現［部分否定］。

⑭ 〈less〉（より少なく）は否定の意味を持つ副詞。否定語は読み落とさないように注意。

⑮ 〈S V because S′ V′〉（S′ は V′ するので，S は V する）の because は，因果関係［原因・理由＝S′ V′，結果＝S V］を示す接続詞。ここでは，because 以下が「なぜなら飼い主は人間の友だちと話していて，その会話は猫にとっては重要ではないと，猫はずっと昔から知っているから」のように，原因・理由を示している。

⑯ ここでの〈A and B〉は，discovered の O となる2つの〈that S″ V″〉を並べている。

⑰ 〈接続詞＋S V〉は，S＝主節の S，V＝be 動詞のときは省略されることがある。ここでは，when the solitary telephoner is making boring calls（その人［1人で電話をしている人］が退屈な会話をしているとき），when the solitary telephoner is making friendly ones[calls]（その人が友好的な会話をしているとき）」の意味になる。

⑱ 〈soft, loving tones〉のように，同じ名詞を修飾する形容詞を並べる場合は，カンマを使うことがある。

⑲ ダッシュ（―）は，「― 挿入句・挿入節 ―」のような形で，情報を付け加えることができる。ここでは，直前の「やわらかい，愛情に満ちた口調」をわかりやすくする，補足情報を加えている。

⑳ 通常，動物を先行詞とする関係代名詞は which・that を用いる。ただし，ペットのような愛着がある動物の場合は，人のような扱いをし，who を用いることがある。

Day 7

語句注

□ closer	形 より綿密な	□ tone	名 調子
□ examination	名 試験，調査	□ soft	形 やわらかい，穏やかな
□ reveal	動 明らかにする	□ loving	形 愛情を抱いた
□ not all	熟 すべてが …… というわけではない	□ greet	動 挨拶する
□ treatment	名 扱い	□ prove C	動 C であるとわかる，C となる
□ human being	名 人間	□ attractive	形 魅力的な
□ less	副 より少なく	□ nearby	副 すぐ近くで
□ significance	名 重要性，意義	□ blame ~ for.....	熟 ……のことで~を責める
□ boring	形 退屈な	□ return	動 返す，応じる
□ extremely	副 極めて，極度に	□ apparent	形 見たところ，外見上…らしい
□ sensitive to ~	熟 ~に敏感な	□ greeting	名 挨拶
□ vocal	形 声の	□ rubbing	名 こすること
		□ friendship	名 友情

パラグラフ・リーディング

次のマクロチャートを使って、パラグラフの要旨とパラグラフ間のつながりを確認しましょう。

マクロチャート

第1パラグラフ	導入と問題提起	飼い主が電話している最中、ペットの猫が飼い主に接近 その行動理由とは？

⬇

第2パラグラフ	展開①	**飼い主の解釈** 猫は飼い主の電話の話し相手に嫉妬して、じゃまをしようとして飼い主に接近 **筆者の解釈** 猫は飼い主が自分に話しかけていると思い、友好的に反応しようとして飼い主に接近
第3パラグラフ	展開②	より綿密な調査によると、 1 飼い主の部屋に別の人間がいる場合 2 飼い主が退屈な会話をしている場合 ⬇ 飼い主への猫の関心は薄れる ＝ 猫は飼い主の声の調子に敏感に反応するもの

サマリー

➡解答は p.137

(1)～(5)の空所に入る適切な語をそれぞれ下の①～⑤から選び，問題英文の要約を完成させなさい。　　（配点：5問×3点＝15点）

　飼い主が電話で話をしている際，ペットの猫が飼い主に近づいてくることがある。飼い主は「電話の話し相手に (1)（　　　）している」と解釈するが，実はそうではない。その猫は飼い主の話し声に (2)（　　　）しているに過ぎないのだ。より綿密に (3)（　　　）してみると，飼い主の部屋に (4)（　　　）がいたり，飼い主が (5)（　　　）をしていたりする場合，猫はそういった行動をとるわけではないということがわかる。

①反応　②退屈な会話　③嫉妬　④別の人間　⑤調査

(1)	
(2)	
(3)	
(4)	
(5)	

| 得点 | |
| | ／15点 |

音読トレーニング

意味がすらすらわかるまで，繰り返し練習しましょう。

1 Some cat owners report / that whenever they are talking on the telephone / their pet cats stalk over, / leap up on the telephone table, / and start rubbing against them, / making it difficult sometimes / to continue with the conversation. / Gently removed to the floor, / they are soon back again, / as if jealous of the communication / that is taking place / between the owners and the voices / at the other end of the line. / Why do they act / in this way? /

2 The interpretation of jealousy is understandable, / but incorrect. / Although the owner feels / that the cat's actions are a deliberate attempt / to intervene in the conversation, / the truth is that / the cat is quite unaware of the person / at the other end of the telephone line. / All it observes / is that, / suddenly, its much-loved owner is talking. / Furthermore, / if there is nobody else / in the room, / it is clear to the cat / that its owner must be talking / to it. / Most owners, / it has already learned, / do not talk to themselves, / so there can be no other conclusions. / So / it responds appropriately, / and moves in close / to make its friendly response. /

1 　猫を飼っている人の中には，電話で話をするときにいつもペットの猫がそっと近づいてきて電話台の上に飛び乗ってすり寄ってくるので，時には会話を続けるのが難しくなることもあると報告する人もいる。優しく床に戻しても，飼い主と回線の向こう側の声との間でなされている会話に嫉妬するかのように，またすぐに戻ってくる。どうして猫はこのような行動をするのだろうか。

2 　嫉妬と解釈することは理解できる。しかしそれは正しくはない。飼い主は，猫の行動は会話に干渉しようとする意図的な試みだと感じるかもしれないが，実際には猫は電話回線の向こうにいる人間には全く気付いていないのである。猫が見ているのは，突然愛する飼い主が話し始めたということだけなのである。さらに，もしも他に誰も部屋にいないならば，飼い主が自分に対して話しかけているのだということが，猫にとっては明白である。ほとんどの飼い主は独り言を言うことはないと猫はすでに学んでいるので，他の結論はありえないのだ。だから，猫はそれに適切に応じ，友好的な反応をするために近づいてくるのである。

p.135 サマリー　解答　(1) ③　(2) ①　(3) ⑤　(4) ④　(5) ②

音読トレーニング

3 A closer examination of such cases reveals / that not all telephone calls / get this treatment. / If there is another human being / in the room / at the time, / the cat is less interested / in the telephoner / because it has / long ago discovered / that owners talk to their human friends / and / that this has no significance / for cats. / Also, / the solitary telephoner / may be less interesting to cats / when making boring calls / than when making friendly ones. / This is / because cats become extremely sensitive / to vocal tones. / If we speak in soft, / loving tones / on the telephone / — the same tones we use / when greeting our pet cats / — then such calls will prove almost too attractive / to our cats / who are listening nearby. / Who can blame them / for returning our apparent greeting / with the rubbings and nuzzlings of friendship? /

3 　そのような事例をより綿密に調査してみると，すべての通話に対して猫がこのように行動するわけではないとわかる。もしもそのとき，別の人間が部屋にいるならば，猫は電話をしている人にはより興味を持たなくなる。なぜなら，飼い主は人間の友だちと話すし，その会話は猫にとっては重要ではないと，猫はずっと昔から知っているからだ。また，1人で電話をしている人も，友好的な会話をしているときより，退屈な会話をしているときのほうが，猫にとっての興味はなくなる。これは猫が声の調子に対して非常に敏感になるからである。もしも私たちが電話で話すときに，（ペットの猫に話しかけるときに使うのと同じような）やわらかい，愛情に満ちた口調で話すならば，そのような会話は近くで聞いている猫にとって，あまりにも魅力的に感じるのだ。自分へのあいさつと思えるものに応じ，愛情をもって，すり寄ってきたり，鼻をこすりつけたりして応じることに対して，誰が猫を責めることができようか。

●音読達成シート

❶	月	日	❷	月	日	❸	月	日	❹	月	日	❺	月	日
❻	月	日	❼	月	日	❽	月	日	❾	月	日	❿	月	日

英文精読記号一覧

本書の文構造のコーナーで用いている
記号の一覧です。
文中で，どのようなものが
どのような働きをするのかを示してあります。
文構造の学習では，
常にこの一覧を参照しながら学習を進め，
英文の仕組みを覚えていきましょう。

英文精読記号一覧

　実際に英文読解の問題を解く前に，文中でどのようなものがどのような品詞の働きをするのかを知っておくと大変便利です。ここでは、本書の「文構造」のページで使用している記号を一覧にして示します。

　このシリーズでは，名詞の働きをするものは【　】，形容詞や同格の働きをするものは〈　〉，修飾・説明される名詞は　　　で囲んでいます。副詞の働きをするものは（　）を使い，英文の隅々まで疑問が残らないように学習できるシステムになっています。

　英文読解の学習を進めながら，この一覧を常に参照し，少しずつ英文の仕組みを覚えていくとよいでしょう。また，この一覧の英文を定期的に音読し，英文の構造把握が即座にできるように訓練するのもよいでしょう。

　たったこれだけの記号を本書の英文と共に使いこなせるようになるだけで，基本的な英文の構造はしっかりと把握できるようになるはずです。文構造の学習では，常にこの一覧を参照しながら学習を進め，英文の仕組みを覚えていきましょう。

　なお以下の一覧では，対応する日本語訳にも記号をつけてありますので参考にしてください。

名詞の働きをするもの

☐ **動名詞**

I like 【 watching baseball games 】.
私は【 野球の試合を見ること 】が好きだ。

I am looking forward to 【 hearing from him 】.
私は【 彼から便りがあること 】を楽しみにしている。

☐ **不定詞の名詞的用法**

【 To play video games 】 is a lot of fun.
【 テレビゲームをすること 】はとても楽しい。

It is hard 【 to master a foreign language 】.
【 外国語を習得すること 】は難しい。

☐ 疑問詞＋不定詞

She taught me 【 how to operate the machine 】.
彼女は私に【 その機械をどうやって操作するのか 】教えてくれた。

I don't know 【 what to do next 】.
私は【 次に何をすべきか 】わからない。

☐ that 節「S が V するということ」

I think 【 that he is right 】.
私は【 彼は正しい 】と思う。

It is true 【 that he went to Hawaii 】.
【 彼がハワイに行ったこと 】は本当だ。

☐ if 節「S が V するかどうか」

I don't know 【 if Cathy will come 】.
私は【 キャシーが来るかどうか 】わからない。

The weather forecast tells us 【 if it will rain or not 】.
天気予報は【 雨が降るかどうか 】を私たちに教えてくれる。

☐ 疑問詞節

Do you know 【 where he lives 】?
あなたは【 彼がどこに住んでいるか 】を知っていますか。

☐ 関係代名詞の what 節

【 What impressed me most in Hawaii 】 was the beautiful sea.
【 ハワイで私を最も感動させたもの 】は美しい海だった。

【 What he said 】 is true.
【 彼が言ったこと 】は本当だ。

形容詞の働きをするもの

☐ 前置詞＋名詞

Look at the girl 〈 in a white dress 〉.
〈 白いドレスを着た 〉 女の子 を見てごらん。

The price 〈 of this refrigerator 〉 is too high.
〈 この冷蔵庫の 〉 価格 は高すぎる。

☐ 不定詞の形容詞的用法

I have many friends 〈 to help me 〉.
私には〈 私を助けてくれる 〉 たくさんの友人 がいる。

Will you please give me something cold 〈 to drink 〉?
〈 飲むための 〉 何か冷たいもの をくださいますか。

☐ 現在分詞

Look at the building 〈 standing on that hill 〉.
〈 あの丘の上に建っている 〉 建物 を見なさい。

Jim was irritated at the boys 〈 making a loud noise 〉.
ジムは〈 大きな音をたてている 〉 少年たち にイライラした。

☐ 過去分詞

The language 〈 spoken in New Zealand 〉 is English.
〈 ニュージーランドで話されている 〉 言語 は英語だ。

The ambulance carried a child 〈 hit by a truck 〉.
救急車は〈 トラックにはねられた 〉 子ども を運んだ。

☐ 関係代名詞節

He is the boy 《 who broke the window 》.
彼が 《 窓をこわした 》 少年 だ。

The book 《 which I bought yesterday 》 is interesting.
《 私が昨日買った 》 本 はおもしろい。

Look at the house 《 whose roof is red 》.
《 屋根が赤い 》 家 を見なさい。

☐ 関係副詞節

I don't know the time 《 when the train will leave 》.
私は 《 電車が出発する 》 時刻 を知らない。

Los Angeles is the city 《 where I want to live 》.
ロサンゼルスは 《 私が住みたい 》 街 だ。

同格の働きをするもの

☐ 同格の that 節

There is some hope 《 that he will recover 》.
《 彼が回復するという 》 いくぶんかの希望 がある。

He concealed the fact 《 that he had divorced his wife 》.
彼は 《 彼が妻と離婚していたという 》 事実 を隠した。

☐ カンマによる同格補足

We visited Beijing , 《 the capital of China 》.
私たちは 《 中国の首都である 》 北京 を訪れた。

I met David , 《 an old friend of mine 》 yesterday.
私は昨日, 《 私の旧友の 》 デイビッド に会った。

副詞の働きをするもの

☐ 前置詞＋名詞

The sun rises (in the east).
太陽は（ 東から ）昇る。

He went to Moscow (on business).
彼は（ 仕事で ）モスクワへ行った。

☐ 分詞構文（Ving）

(Hearing the news), she turned pale.
（そのニュースを聞いて），彼女は青ざめた。

(Having lived in Tokyo), I know the city well.
（東京に住んだことがあるので），東京という街のことはよくわかっている。

☐ 受動分詞構文（Vpp）

(Seen from the sky), the islands look really beautiful.
（空から見ると），島々は本当に美しく見える。

(Compared with his brother), he is not so humorus.
（弟と比較された場合），彼はあまりユーモアがない。

☐ 従属接続詞＋ＳＶ

(Although he is against me), I won't change my plan.
（彼は私に反対だけれども），私は計画を変えない。

I went to bed early (because I was tired).
（私は疲れていたので），早く寝た。

☐ 不定詞の副詞的用法

I am very glad (to hear the news).
私は（ その知らせを聞いて ）とてもうれしい。

(To meet my father), I went to the city.
（父に会うために），私はその街へ行った。

英文速読研究会

大岩秀樹（おおいわ　ひでき）
東進ハイスクール・東進衛星予備校講師。全国に配信される映像授業の担当講師に23歳で大抜擢されて以来，基礎〜難関を対象とする数多くの講座を担当。また高校生だけでなく，中学生・大学生を対象とした講座も多数担当し，幅広い層から支持されている。著書は『いちばんはじめの英文法』（東進ブックス），『センター試験のツボ・英語（共著）』（桐原書店）など多数。

安河内哲也（やすこうち　てつや）
東進ハイスクール・東進衛星予備校講師。衛星放送を通じ，基礎レベルから難関レベルまで，ていねいでわかりやすい授業で全国の生徒に大人気。取得資格は国連英検特A級，通訳案内業，TOEICテスト リスニング・リーディング・スピーキング・ライティングすべて満点，など。著書は『英単語フォーミュラ1700』（東進ブックス），『英語長文ハイパートレーニング』シリーズ（桐原書店）など多数。

佐々木欣也（ささき　きんや）
市川学園市川中学・高等学校講師・早稲田塾講師。「英語は口を動かす実技科目だ！」をモットーに，授業では「音読」を最重要視し，日々熱い授業を展開中。著書に『最頻出問題　英文法・語法500』『最頻出問題　発音・アクセント300』（いずれも桐原書店）などがある。取得資格は実用英語検定1級など。趣味である弓道は三段の腕前。

杉山一志（すぎやま　かずし）
東進衛星予備校中学Net講師，大学受験ワイズラボ講師。小学生から大学受験生まで，さまざまな生徒を指導。「将来も役に立つ英語力を」をテーマに，日々の授業や執筆活動を行っている。取得資格はTOEICテスト975，実用英語検定1級など。著書に『小学英語スーパードリル2・3』（Jリサーチ出版）がある。

佐藤誠司（さとう　せいし）
フリーライター。広島県教委事務局，中学・高校教師などを経て，現在は（有）佐藤教育研究所を主宰。英語学習全般の著作活動を行っている。著書は『英作文のためのやさしい英文法』（岩波ジュニア新書），『【話す】ための英文の作り方』（ユニコム）など多数。広島県福山市在住。

●英文校閲　　Karl Matsumoto

短期で攻める　1日1題1週間　スピード英語長文 Level 3

2011年12月12日　初　版第1刷発行
2021年 3月10日　初　版第11刷発行

著　者	英文速読研究会
発行人	門間　正哉
発行所	株式会社 桐原書店
	〒160-0023　東京都新宿区西新宿4-15-3
	住友不動産西新宿ビル3号館
	TEL：03-5302-7010（販売）
	www.kirihara.co.jp
装　丁	清水　佳子（smz'）
本文レイアウト	新田　由起子（ムーブ）
DTP	川野　有佐（ムーブ）

▶本書の内容を無断で複写・複製することを禁じます。
▶乱丁・落丁本はお取り替えいたします。
Printed in China (SWTC/11)
ISBN978-4-342-27106-9
Ⓒ Eibun sokudoku kenkyu-kai 2011